AF410747

Paris.
PASSE-TEMS
Equestres,
par
F. BAUCHER.
Chez l'Auteur;
Rue du Faub. St Martin,
no 11.
1840
Lith. de Roye Frères,
Passage Saulnier, 12.

Passe-Temps

ÉQUESTRES.

Typographie LACRAMPE et Comp., rue Damiette, 2.

Dessiné par Giraud.

M². BAUCHER,

Montant · Partisan.

Lith. de Rigo frères Rue Saint Jacques, 19.

PASSE - TEMPS

ÉQUESTRES,

SUIVIS DE NOTES EXPLICATIVES,

PAR

F. BAUCHER.

Paris

CHEZ L'AUTEUR, FAUBOURG SAINT-MARTIN, 11.

1840.

A Monsieur Ernest Le Roy.

Vous avez bien voulu, mon cher monsieur Ernest, vous intéresser aux fruits de mes veilles ; je crois pouvoir m'autoriser de cet intérêt pour vous offrir ce petit ouvrage.

Mes *Passe-temps équestres* auront, je crois, le plus grand besoin de votre appui pour se soutenir ; trop heureux si le public veut bien accueillir cet opuscule avec autant d'indulgence que vous en mettez à en accepter la dédicace.

C'est vous qui, indirectement, avez été le propagateur de ma méthode en me vendant *Partisan*, dont l'éducation a servi de fanal aux *naufragés*.

Veuillez, en agréant ce faible souvenir, recevoir aussi l'assurance de mes sentiments les plus distingués.

F. Baucher,

Notice Biographique

SUR

F. BAUCHER,

POUR SERVIR DE PRÉFACE AUX PASSE-TEMPS ÉQUESTRES.

Par Maxime GAUSSEN

Cet ouvrage n'était pas destiné à la publicité : sa composition fut un délassement qui reposait la pensée studieuse de son auteur des fatigues d'un travail pénible et journalier. Curieux d'ê- tre initiés à toutes les idées du maître, ses élèves ont compté sur son amitié pour les connaître ; le cercle des lecteurs s'est étendu peu à peu, et cet enfant des loisirs de Baucher est presque entré dans le monde sans que le père s'en aperçût. Quand on l'a pressé de le publier, le refus n'était plus possible ; c'était d'ailleurs prévenir les mauvaises traductions.

Le titre de ce livre est modeste, et cache une pensée profonde sous une enveloppe spirituelle et originale. Sans les notes explicatives qui le terminent et le complètent, beaucoup le liraient sans trop le comprendre et souriraient de bonne foi en présence de la prétendue bizarrerie de sa conception. Pour nous, quelle que soit la formule qu'adopte le talent pour se révéler et se produire, qu'importe ? Au fond, la question est-elle neuve ? l'œuvre a-t-elle de l'avenir ? voilà tout !

Cet ouvrage n'est certainement pas le dernier mot d'un génie spécial et fortement constitué, nous l'espérons. Sorti depuis longtemps du sentier pratiqué, cet homme a creusé seul sa route, et s'inquiète faiblement des formes usitées. On pourra dire : Est-ce un livre d'équitation seulement ? l'auteur a-t-il un double but ? Nous n'hésitons pas à répondre : Il n'a jamais eu la prétention d'être moraliste, et nous penchons à croire, sans être sûr d'entrer dans l'intimité de sa pensée, que l'aphorisme philosophique qui déguise le principe équestre sans l'empêcher d'être visible, et force l'intelligence à en chercher le sens spécial, a pour but de le graver plus profondément dans la mémoire.

Ce livre sera peut-être faiblement apprécié par le plus grand nombre ; car, pour en comprendre toute la portée, il faudrait s'initier d'abord au talent pratique de son auteur. Peu de cavaliers savent encore que Baucher a tracé une voie toute nouvelle, sans maître, sans antécédents, et qu'il faut le reconnaître, aujourd'hui, comme le chef d'une école qui doit effacer toutes les autres. Quel immense travail, quelle persévérance, pour trouver, sans guide, une route inconnue dans ce terrain si longuement exploré, si savamment battu ! C'est peut-être un bonheur pour Baucher de n'avoir pas eu de maître; car, avec son organisation privilégiée, obtenant très-vite les résultats de ses devanciers, satisfait d'une supériorité facilement acquise, il n'aurait sans doute pas cherché hors d'un talent transmis les moyens d'arriver à une sphère plus élevée. Mais il était seul, et, après avoir conquis une pratique douteuse et difficile dans les théories obscures de nos anciens maîtres, peu satisfait du résultat de ses recherches, comme il l'a dit lui-même, son organisation sagace et logique l'a forcé de conclure qu'il y avait quelque chose en dehors du monde connu. Il s'est dit: Dresser un cheval, c'est être maître de toutes ses forces, et avoir triomphé précédemment des différentes résistances qu'il oppose. Ce principe le conduisait tout naturellement à cette question savante : Comment l'animal résis-

te-t-il à l'effet de nos forces? Le jour où il a trouvé
l'énigme en disant : Le cheval résiste par l'encolure, sa route était tracée; hérissée de tâtonne-
ments, de dégoûts, il est vrai, mais éclairée par
une vérité profonde qui devait seulement pâlir
encore devant les difficultés de la pratique. Et,
d'abord, quel travail pour la traduire en résultats!
que d'essais meurtriers, infructueux! quel emploi malheureux de tous les instruments inven-
tés par la routine! quel dédale dans cette variété
trompeuse d'embouchures qu'il a toutes es-
sayées et toutes abandonnées! quelle distance
du point de départ, quand on le voit aujourd'hui
dresser tous les chevaux avec un simple filet, et
qu'on sait qu'il a dû lutter longtemps, et sans succès, avec des mors d'une puissance effrayante!
Reprenons à sa naissance, pour mieux la faire
comprendre, la route qu'il a si savamment par-
courue.

Le cheval résiste, s'est-il dit, par l'emploi
d'une force qui amène la position avec laquelle il
opère ce mouvement de résistance. Le mouvement est donc soumis à la position, et celle-ci à la
force, sans laquelle ces deux effets ne peuvent
se produire. C'est donc à s'emparer des forces
du cheval que doivent tendre les puissances du
cavalier. Dès qu'il en sera le maître, il exercera

un empire absolu sur la masse, car il fera naître
et dirigera les mouvements. Ce principe reconnu,
il fallait l'appliquer. C'est en observant dans sa
pratique la même gradation qu'il avait suivie dans
sa théorie, que Baucher est parvenu à donner à
tous ses chevaux un centre de gravité convena-
ble à l'emploi des forces dont il a besoin; et,
comme les chevaux ont tous des constructions
différentes qui donnent aux forces des directions
variées, c'est en combattant, c'est en intercep-
tant toutes ces forces qu'il en a changé la disposition, et facilité à la masse un nouveau mode de
translation. Donnant au centre de gravité une position telle que le poids du corps soit également ré-
parti sur les quatre extrémités, Baucher obtient un
équilibre parfait qui permet à ses chevaux d'exécuter rapidement et sans efforts toute espèce de
mouvement. Le mérite de la méthode dont nous
parlons, c'est d'obtenir ce résultat, non-seulement sur des animaux bien conformés, mais sur
les constructions les plus vicieuses; et son auteur est fermement convaincu que jamais ses devanciers ne l'avaient obtenu. Selon lui, avec les
anciennes méthodes on pouvait bien dresser les
chevaux qui réunissent toutes les conditions
propres à toute espèce d'éducation; mais elles ne
pouvaient vaincre les difficultés que présentent

les conformations défectueuses. Ainsi, pour revenir à notre premier point de départ, le travail de Baucher consistait donc à s'emparer des forces du cheval; et, comme il avait découvert que toutes les résistances, quelle qu'en soit l'origine, se manifestent d'abord par une contraction de l'encolure, il commença par assouplir cette partie importante. Maître de ses mouvements et de ceux de la tête, il lui restait à profiter de leur assouplissement pour dominer toutes les autres parties du corps, et rendre ainsi les allures faciles et régulières. Mais le cheval dressé n'est pas seulement celui qui marche, trotte et galope à volonté; c'est encore, et surtout, celui sur lequel on opère les flux et reflux de poids avec une grande facilité : dès lors, à la justesse et à la régularité des allures se joignent la cadence et l'élévation, et l'on peut, enfin, aborder les hautes difficultés de l'art, sans compromettre jamais ni l'équilibre, ni la constitution de l'animal. Pour obtenir facilement cette translation de poids du devant sur le derrière et d'arrière en avant, il fallait un travail spécial : Baucher l'a trouvé dans le reculer. Ses chevaux reculent avec une facilité étonnante; car ce n'est pas seulement dans le but rétréci d'obtenir un mouvement d'une utilité très-bornée qu'il insiste sur ce travail et qu'il y re-

vient continuellement, mais c'est pour être entièrement maître de l'équilibre de la masse, obtenir la plus grande souplesse possible dans les
reins et dans les hanches, et conséquemment
dans les flux et reflux de poids d'avant en arrière
et d'arrière en avant.

On comprend qu'il a dû, seulement alors, se
trouver en face de cette vérité profonde, que l'on
aperçoit en germe dans un seul théoricien : Il
n'y a point de bouches dures, sourdes ou égarées;
il n'y a qu'une difficulté plus ou moins grande
d'équilibre, puisque, cette difficulté vaincue, la
bouche devient belle, l'appui léger et sûr.

D'après cet exposé, on voit que les moyens
de Baucher tendent continuellement à prendre
sur l'impulsion de l'animal ; aussi se sert-il
beaucoup, comme aides, des attaques, qu'il
gradue à l'infini. Cet emploi rappelle le pincer délicat de l'éperon, dont parle M. de La Guérinière ;
mais il en obtient des conséquences plus com-
plètes. Non-seulement ses attaques donnent l'impulsion, mais elles ramènent l'équilibre ; car chez
le cheval qui répond préalablement aux oppositions de la main, il intercepte, au profit de l'élévation, le surcroît d'action donnée par l'attaque. Il
est vraiment curieux de voir les chevaux dressés
par Baucher s'asseoir sur l'attaque vigoureuse

des éperons, pour peu qu'elle soit accompagnée de la plus légère opposition de la main. Selon lui, seulement alors on peut dire que l'animal est dressé; en effet, maître entièrement de son équilibre, le cavalier peut disposer de toutes ses forces, ou les paralyser à volonté.

Il ne faudrait pas conclure, d'après quelques aperçus épars à droite et à gauche, que la méthode dont nous nous occupons n'est pas entièrement neuve; en voici une peuve fondamentale: dans son travail d'oppositions, Baucher résiste toujours quand il y a résistance, et ne rend que lorsque le cheval cède. Il résiste par un mouvement spontané, vigoureux, lorsque la résistance se manifeste d'une manière vive et violente; avec lenteur et progression, si la force opposante se produit lentement et progressivement. Où trouver trace de ce grand principe? L'ancienne équitation roule sur le contraire: c'était quelquefois le sentiment non raisonné du cavalier qui rectifiait le vice de la théorie.

On serait tenté de conclure, à première vue, que cette lutte continuelle avec les forces résistantes du cheval doit prendre sur sa constitution; une pratique raisonnée de la méthode nouvelle prouve évidemment le contraire. Non-seulement les sujets dressés par Baucher se conservent, mais

l'équilibre parfait qu'il leur donne a toujours
pour résultat de soulager, et par suite de conso-
lider les parties faibles qui se trouvent surchar-
gées d'un poids écrasant, conséquence d'un
emploi de forces vicieux. Dans cette lutte d'oppositions, un des plus féconds principes de l'auteur, c'est de prendre seulement sur l'excédant
des forces nécessaires au mouvement exigé.

Ainsi, pour que l'équilibre indispensable au
travail se perde, il faut que l'impulsion augmente
ou diminue : dans le premier cas, la main agit
comme force résistante jusqu'à ce que l'animal
cède ; dans l'autre, les jambes redonnent un
excès d'impulsion dont la main paralyse une
partie, pour rappeler l'équilibre.

Après avoir trouvé les différents moyens d'assouplir l'encolure, de faciliter les reflux de poids
d'avant en arrière et réciproquement, la route
était ouverte, mais il restait énormément à faire ;
il fallait appliquer ces différents principes aux
mille et une variétés de constructions vicieuses
qui compliquent les résistances. Une étude pratique immense, suivie avec persévérance sur une
énorme quantité de sujets, lui a donné des résultats extraordinaires. En peu de jours les chevaux
les plus difficultueux, les plus mal disposés sous
tous les rapports, reculent avec une grande faci-

lité, prennent aisément toutes les directions, et acquièrent une finesse , une sûreté d'équilibre étonnante ainsi que des allures parfaitement régulières.

Il faut dire maintenant que si les principes de Baucher suffisent à tout, s'ils peuvent se renfermer dans une vingtaine de lignes, leur application demande une exécution et un tact qui ne s'acquièrent qu'après un travail persévérant et méthodique. Voyez travailler *Partisan*, cette œuvre gracieuse de génie et de patience : ce cheval à l'encolure raide et tendue, se traînant sur les épaules, dont les allures et le caractère avaient été pervertis, est devenu le cheval d'Espagne le plus souple, le plus gracieux, le plus cadencé dans ses mouvements que l'on puisse voir. Ce serait un livre bien curieux et d'une grande utilité que l'histoire de son éducation. Espérons que Baucher nous la donnera. Il prouve avec Partisan, et d'une façon irrésistible, que l'équilibre fait les allures. Il passe d'un piaffer précipité, près de terre, à une cadence lente, élevée, en changeant seulement la position de la tête et de l'encolure. Il s'arrête une jambe en l'air dans une marche de côté avec une précision et une facilité inconcevables ; ses changements de pied en l'air se font avec autant d'aisance et de vitesse que si l'animal les produisait de lui-même. Au reste, tous ceux qui aiment et pratiquent les chevaux à Paris connaissent cette merveille de l'éducation.

Il ne sera peut-être pas sans intérêt, pour les cavaliers sérieux, de donner ici, en quelques lignes, les détails que nos questions empressées ont obtenus de Baucher, sur les dispositions premières de Partisan et les difficultés de son éducation. D'après le maître, l'action de son cheval n'est grande, énergique, qu'autant qu'il reste dans sa position naturelle; toutes ses allures sont alors près de terre, et ses forces conséquemment difficiles à modérer. La disposition de sa croupe et de ses hanches donne une chasse qui, jointe à la forte tension de l'encolure, rend impuissants les mors les plus violents, les mains les mieux exercées. Le moral de l'animal est inquiet, et la surabondance d'énergie qu'il déploie quand il est maître de ses forces, double sa susceptibilité; alors il cherche à s'éloigner des objets nouveaux pour lui d'aussi loin qu'il les aperçoit. La construction de Partisan est celle d'un cheval de course, et, à part les frayeurs qui devaient amener de fréquents tête-à-queue, il est facile de comprendre que sa disposition naturelle n'était guère propre à en faire un che-

val de promenade. Aussi, bien qu'on ne le re-
cherchât nullement, et qu'on lui demandât sim-
plement de marcher droit devant lui, souvent Partisan s'y refusait et manifestait ses défenses par
des pointes et par des cabrades continuelles, ou
bien il s'emportait malgré la résistance violente
que lui opposaient ses cavaliers. Dès lors, le
cheval à la généalogie distinguée, aux formes
gracieuses, ne fut plus digne de l'attention des
connaisseurs et, quoique vendu un prix énorme
à son arrivée en France, il fut cédé à Baucher
pour une somme on ne peut plus modique.

L'étonnement dut être grand dans le monde
équestre, quand on vit cet animal, jadis in-
domptable, exécuter sous son nouveau maître
les plus grandes difficultés de l'équitation; bien
mieux, aujourd'hui, ce beau cheval travaille au
son de la musique, dont ses mouvements expri-
ment, pour ainsi dire, la cadence et le sentiment.

L'assouplissement total de toutes les parties du
corps, un rassemblé complet, forment la base
de l'éducation de Partisan; la juste répartition
des forces, leur réunion aisée au centre de gravité, l'emploi facile des muscles nécessaires aux
mouvements simples ou compliqués, l'ont conduit à exécuter sans confusion, non-seulement
les plus grandes difficultés de l'art, mais des

choses que l'on aurait crues presque impossibles avant lui. Partisan vient de prouver que l'on peut changer d'une manière complète les dispositions naturelles du cheval, que l'on peut donner au sujet que sa constitution relègue dans les allures près de terre, la cadence et l'élévation de l'animal le mieux constitué; que non–seulement on peut agir de haut en bas et de bas en haut, de façon à faire primer les leviers supérieurs sur les inférieurs, et réciproquement en appliquant ces dénominations aux moteurs qui agissent le plus dans les différentes allures, mais encore que les extrémités antérieures, par exemple, peuvent avoir un mouvement uniforme et cadencé de droite à gauche et de gauche à droite, sans que ces différentes translations de poids dérangent l'immobilité des jambes opposées. Baucher a prouvé en outre que les forces et les poids peuvent se répartir diagonalement à volonté, c'est-à-dire que l'on peut mobiliser indistinctement deux jambes, une antérieure et l'autre postérieure, en conservant l'immobilité des deux autres; que les forces qui agissent ainsi isolément peuvent se réunir immédiatement au centre de gravité et produire une lutte égale, un ensemble parfait dans toutes les parties du corps. Il est facile de comprendre les hautes difficultés

qui doivent surgir quand il faut amener un accord aussi juste dans toutes les forces ; ces diffi -
cultés vaincues viennent de saisir tous les yeux. Il
faut ajouter que les amateurs les plus compétents
sont encore loin d'apprécier le travail de Partisan.
L'un prétend que la musique conduit le cheval,
et que son maître n'emploie que sa mémoire ; l'autre, que la privation de sommeil, de nourriture,
est la base de son éducation ; celui-ci vous dira
que des moyens purement mécaniques, des jambes attachées, par exemple, l'ont forcé de produire ces mouvements surprenants. Vingt juge-
ments de cette force ont été portés sur le travail
de Partisan ; c'est une machine qui doit tout son
prestige à la patience du maître et aux attentions
des palefreniers. Le bon sens de la masse, qui
n'explique pas mais qui juge, a trouvé que
Baucher fait faire à son cheval des choses dé-
licieuses ; instinctivement, il en a conclu que
c'est un grand écuyer. Le peuple a frappé juste,
l'homme est jugé aujourd'hui.

Beaucoup de personnes trouveront peut-être
extraordinaire que l'auteur de ce livre n'ait pas
publié depuis longtemps un traité complet et méthodiquement suivi sur sa théorie équestre, dans
le genre des traités d'autrefois ; il nous en a fait
comprendre l'inutilité. Les principes qui forment

la base de son système sont en petit nombre,
mais leur application exige une pratique pro-
longée que nul volume ne pourrait remplacer.
On n'apprend pas plus l'équitation dans un livre
qu'un instrument de musique. Nous parlions tout
à l'heure des résistances : peut-on leur donner
une valeur chiffrée, en raison des différentes
forces que présente l'animal? Non, car ces forces
varient à l'infini dans leurs nuances et se modi-
fient d'un instant à l'autre. Ce sentiment du cavalier, qui ne s'acquiert qu'à la suite d'une pratique
raisonnée, doit suppléer à l'impuissance de la
théorie. Un petit nombre de principes suffit;
ces principes se renfermeraient facilement dans
quelques pages; mais ces quelques pages ne feront
jamais un écuyer. Baucher a compris cette vérité;
aussi n'a-t-il publié qu'un dictionnaire dans lequel, tout en donnant la signification des différents mots employés dans la science, il expose
ses principes, faisant en même temps la critique
de ceux qu'il a renversés. Il faut le dire, cet ouvrage a été peu compris; il devait en être ainsi.
A part un homme d'un nom et d'un talent distingués, M. Jules Pellier, personne n'a voulu voir
la lumière, et sans prétendre nous donner la
moindre importance, nous avouerons que nous
sommes resté dans les aveugles. Nous avons

fait plus; ne comprenant pas, nous avons conclu à l'absurde. Nous disions : De quelle auto-
rité M. Baucher vient-il, d'un trait de plume,
biffer tout notre passé équestre? Tant d'hommes
de talent, produits à tant d'époques différentes,
auraient passé à côté de la vérité sans la voir!
c'est impossible, le novateur a tort; et avec la meilleure foi du monde, cette conclusion paraissait
rigoureuse, car nous ne comprenions pas. Baucher avait beau nous dire : *Cependant elle tourne;*
il parlait à des gens qui ne voulaient pas entendre;
on pouvait tout au plus lui accorder de rêver de
bonne foi. Il ne faut cependant pas trop s'accuser.
Ce qui prouve la valeur du talent de Baucher, c'est
qu'il est presque impossible, même avec une
certaine pratique, d'appliquer ses principes seul,
d'après la théorie qui nous paraît aujourd'hui si
claire et si facile à comprendre. On devait donc
commencer par douter. Cependant s'il est pardonnable, en lisant son premier ouvrage, de nier
son talent, cela n'est plus permis aujourd'hui,
quand on le voit exécuter; il faudrait être de
mauvaise foi, ou bien fanatique du passé. Quelle
que soit la méthode qui conduit à une exécution
aussi parfaite, il est impossible de lui refuser une
grande valeur, de ne pas l'examiner avec soin;
dans ce cas, vous ne doutez pas longtemps :

Baucher vous fait toucher du doigt et résoudre comme par enchantement toutes les difficultés de la science. Nous ne craignons pas d'avancer ici que tous ceux qui voudront se donner la peine d'assister à ses leçons deviendront bientôt ses élèves, ou au moins ses admirateurs. L'amour-propre mal compris se raidira vainement; cet homme est en pleine possession d'un avenir immense; il est entré le premier dans une route vierge et féconde qu'il a déblayée jusqu'au bout; la science équestre peut, entre ses mains, acquérir une valeur inconnue jusqu'à présent, et nous sommes convaincu qu'avant peu l'étranger nous enviera son beau talent. Nous le répétons en finissant, Baucher n'est pas encore compris; il a le malheur d'être trop avancé, mais le triomphe de sa méthode n'est pas douteux. Ses découvertes doivent amener de grands résultats, car il ne faut pas oublier que la moitié des chevaux, en France, rendent de mauvais services et sont rebutés, faute de savoir en tirer parti. Malheureusement, aujourd'hui, le mauvais exemple part d'en haut; notre jeunesse fortunée préfère les sauts de barrière et les courses de vitesse aux jouissances si fructueuses de la science bien appliquée. Il faut l'avouer, avant Baucher, l'équitation n'était pas assez positive; il fallait déjà du talent pour comprendre et appliquer avec quelque fruit; avec lui, le plus faible cavalier peut savoir en six leçons la valeur et la cause des difficultés qu'il rencontre; quand elles sont légères, leur solution ne se fait guère attendre. Terminons en disant qu'un jour, qui ne peut être éloigné, l'homme d'un génie spécial et distingué prendra sa place; nous nous glorifierons alors d'avoir été un des premiers à l'apprécier, à compter parmi ses disciples, tout en contribuant de nos faibles moyens à faire comprendre son beau talent.

M. G.

Nous publions, à la fin de ce volume, la musique originale et gracieuse qui accompagne le travail de Partisan. Baucher a voulu donner ce témoignage d'estime et de reconnaissance à un talent ami et presque ignoré.

Tout le monde connaît Paul Cuzent, l'énergique et brillant voltigeur ; mais, en admirant cette souplesse hardie, la grâce parfaite de cette nature élégante comme celle du gladiateur antique, peu savent qu'une partie de ces mélodies ravissantes qui animent les exercices du Cirque des Champs-Élisées, est due à son génie musical.

Instrumentiste presque universel, compositeur original et délicieux, Cuzent a tout reçu d'une organisation prodigue de facilités ; celui-là non plus n'a pas eu besoin de maître ; s'ignorant lui-même, il a longtemps laissé s'éteindre dans l'indifférence de la foule ses charmantes compositions ; le jour où on lui a dit : Vous êtes un compositeur distingué, il s'est mis à travailler sérieusement la musique, cette langue qu'il parlait si naturellement et si bien. Mais avant peu, nous l'espérons, nous verrons poindre une étoile de plus dans notre pléiade musicale.

Passe-Temps

ÉQUESTRES.

PASSE-TEMPS ÉQUESTRES.

Abandonner un cheval.

Le sot ou l'étourdi peuvent seuls jouer leur vie contre celle d'un insensé.

Acculer (s').

L'esprit cultivé n'intervertit point les lois de la nature.

Acculer un cheval.

Les caractères les plus flegmatiques ont leurs moments d'exaspération, quand ils sont poussés à bout.

Acheminer un cheval.

Les mauvais préceptes paralysent souvent les bonnes intentions.

Achever un cheval.

Après Dieu, l'homme seul a un pouvoir magique sur tout ce qui l'entoure.

Action.

Un bon naturel ne peut jamais dissimuler ses généreux élans.

Adela.

L'influence qu'exerce un mot n'est bien significative que par le geste qui l'accompagne : leur désaccord en change l'interprétation.

Aides (les).

Il faut secourir l'enfance, encourager l'âge mûr et raviver la vieillesse.

Airs bas.

Il faut élever la voix pour se faire entendre, et non pour étourdir.

Airs relevés.

La jactance élève la voix pour étourdir, et non pour se faire entendre.

Ajuster un cheval.

La bravoure a ses périls, et le talent ses écueils.

Ajuster les rênes.

La paternité doit partager également ses affections, bien que sa sévérité ne soit pas la même.

Alléger.

La gloire qu'entraîne une belle action rejaillit toujours sur son auteur.

Amazone.

La grâce peut étendre sa domination si la douceur lui sert de guide.

Amble (l').

Le langage bien vrai de la campagne est de beaucoup préférable au langage falsifié des grandes villes.

Animer un cheval.

Il faut secourir l'indigence et stimuler la paresse ; la bonté et l'énergie étant le fait d'une belle âme.

Appui.

On se soumet au langage de la raison ; mais on résiste à l'interpellation de l'impudence.

Appuyer des deux.

La sévérité a sa gradation : aussi est–ce une arme perfide dans de mauvaises mains.

Ardeur.

Les qualités du cœur ont souvent été payées d'ingratitude ; les faux amis abusent de tout.

Armer (s').

On ne connaît souvent son bienfaiteur qu'après qu'il vous a sauvé du péril.

Arrêt (l').

C'est avec le présent qu'on se rappelle le passé et qu'on peut réfléchir sur un meilleur avenir.

Arrêt (le demi–).

Les traits d'esprit, lancés à propos, réveillent

l'attention et entretiennent le feu de la conver-
sation.

Arrondir un cheval.

On est d'autant mieux reçu qu'on sait bien se
présenter.

Assembler un cheval.

Faute du développement des facultés, on ne
trouve qu'un esprit ordinaire là où il y avait un
génie.

Asseoir un cheval sur les hanches.

Il faut au jugement une base élastique pour
qu'il réagisse toujours avec la même précision.

Assouplissement.

Les démarches qui paraissent inutiles amènent souvent des résultats inattendus.

Assuré.

Les pensées qui élèvent vers le ciel font mépriser la terre.

Attacher (s').

On ne doit emprunter qu'avec discrétion et avec la certitude de pouvoir rendre.

Attaquer.

C'est le discernement qui doit juger si la cause d'une injure est préméditée ou involontaire.

Attendre un cheval.

La connaissance du cœur humain conduit à la bienveillance.

Aubin.

Tête jadis bien organisée qui, vainement, cherche ses idées premières.

Avantage (être monté à son).

Celui qui partage nos sentiments doit avoir une place marquée dans notre estime.

Averti (pas).

Il ne faut vouloir être ni supérieur, ni inférieur à ce que l'on est; mais être soi dans toute l'acception du mot.

Avertir un cheval.

Dis-moi qui tu hantes et je te dirai qui tu es.

Balancer.

Il faut une énergie véritable pour ne pas fléchir sous l'instabilité des choses humaines.

Ballottade (la).

Le sarcasme et la raillerie échouent en présence d'une volonté inébranlable.

Barres.

Les accusations portées contre l'innocence sont perfides, bien qu'elles aient pour cause une erreur.

Battre à la main.

Celui qui supporte humblement les menaces injurieuses pourra-t-il en arrêter les conséquences ?

Bégayer.

Les petites épargnes forment un capital.

Bercer.

Les pensées incertaines sont impropres aux grandes actions.

Bond (le).

Il faut arrêter à leur naissance les vices que l'on aurait à cœur de réprimer par la suite.

Bouche égarée.

Il y a folie à vouloir être parrain sans filleul.

Bouts (les deux) en dedans.

C'est momentanément qu'il faut laisser en présence l'orgueil et l'insouciance : la prétention de l'un se froisserait du regard prolongé de l'autre.

Branle de galop.

Le beau doit servir de modèle à ses admirateurs.

Brave.

L'art coopère à la perfection des facultés, mais on naît avec un bon cœur.

Brider (se bien).

Chaque intelligence a son côté faible, il suffit de savoir s'y prendre.

Bridon.

La nature nous a faits pour être en société, et non pour vivre seuls.

Brillant.

Une belle figure peut être trompeuse, mais elle prévient toujours en sa faveur.

Bringue (une).

On est peu sensible à l'infortune qui ne nous atteint pas, et péniblement affecté de la richesse des autres.

Brouiller (se).

A père avare enfant prodigue.

Buade.

L'expérience est souvent radoteuse, mais elle détruit bien des erreurs qui, sans elle, amèneraient de fatales conséquences.

Cabrer (se).

La franchise marche droit à son but sans s'inquiéter des louanges ni du blâme.

Cabriole (la).

Si la sagesse ne défend pas les actions d'éclat, c'est qu'elle compte sur la prudence pour en assurer le succès.

Cadence.

Plus la nature est avare, plus l'art doit être prodigue.

Caracoler.

La fatuité est un hommage rendu par l'ignorance au talent.

Carrière (la).

Les belles maximes peuvent se pratiquer dans
l'ombre comme au grand jour.

Carrousel (le).

Les choses nobles stimulent l'amour-propre et
donnent la fierté qui convient pour ne pas dé-
choir.

Casse-cou.

Le corps ne doit pas être la dupe de l'immor-
talité de l'âme.

Caveçon.

Il faut cacher soigneusement les instruments

tranchants; ils sont toujours dangereux s'ils tombent dans les mains d'un singe.

Chambrière.

La criaillerie ne parle que désagréablement aux sens; l'instinct même en est effrayé, sans en comprendre davantage.

Changement de main.

La conscience pure se fait voir sous toutes ses faces en conservant toujours les mêmes avantages.

Changement de main renversé.

On doit se tracer un plan de conduite afin de trouver des points de repère pour se rectifier soi-même.

Chasser son cheval en avant.

Les ressources s'accroissent toujours en raison de la modicité des dépenses.

Châtier.

L'argument de la brute est dans la force, et celui de la science dans le raisonnement.

Chatouiller.

L'indiscrétion irrite la susceptibilité des esprits faibles, et se fait mépriser des esprits forts.

Chatouilleux à l'éperon.

Les impressions que l'on reçoit sont d'autant plus froissantes qu'on est mal prévenu.

Chercher sa cinquième jambe.

Plus on se dégage des liens qui rattachent à l'existence, plus elle devient pénible.

Cheval.

Il faut traiter comme son égal le fidèle servi-

teur à qui, pour augmenter vos jouissances,
vous demandez le sacrifice de sa vie entière.

Cheval dans la main.

C'est par des conséquences successives qu'on
arrive à toute la puissance du raisonnement.

Cheval entier à une main.

L'accusateur qui confond les noms et les
lieux ne mérite aucune confiance.

Cheval portant bas.

On doit tout faire pour conserver sa dignité.

Cheval portant au vent.

Si la nature donne des dispositions que la société réprouve, l'éducation doit en supporter les
conséquences.

Chevaler.

Gardez qu'une voyelle à courir trop hâtée,
Ne soit d'une voyelle en son chemin heurtée.

(BOILEAU.)

Chevaucher.

Il ne faut jamais croire l'esprit de jactance sur parole ; il donne souvent comme d'une grande importance des choses de peu de valeur.

Chopper.

Un style négligé jette une grande défaveur sur l'ouvrage.

Col ou encolure.

La patience et le savoir subjugueront toujours l'esprit rebelle, quelle que soit son opiniâtreté.

Conduire son cheval étroit ou large.

Il faut passer par toutes les vicissitudes de la

vie pour apprécier dans toute leur pureté les avantages qu'elle renferme.

***

Confirmer un cheval.

On ne doit admirer un nom que quand celui qui le porte s'en est rendu digne.

***

Contredanse.

La gaieté qui se rattache à la raison a le double avantage de plaire et d'instruire.

***

Contre-changement de main (le).

La ruse n'est admissible que quand elle a pour but de tromper agréablement la bonne foi.

***

Contre-temps.

Les passions franchissent tous les obstacles jusqu'à ce qu'elles se rallient à la voix puissante de la raison.

Coucher (se).

La paresse conduit à l'oubli de soi-même et rend impropre aux actions énergiques.

***

Coup de hache.

Le sens commun redresse les torts des autres et modifie les siens propres.

***

Couper (se).

Le mensonge qui se montre à découvert compte sur l'ignorance ou la simplicité.

***

Courbette (la).

Le faste aime la superfluité que la simplicité dédaigne.

***

Course.

La volubilité du langage est souvent nuisible pour soi et plus souvent incompréhensible pour les autres.

Courses au clocher.

C'est empiéter sur les décrets suprêmes que d'exposer son présent et son avenir, au mépris de la nature et des arts.

Courses de bagues.

L'amour-propre, qui stimule et rend entreprenant, retire ses largesses quand on dépasse les limites de son territoire.

Cousu.

L'âme forte est à l'épreuve des revers.

Cravache.

L'abus gâte tout ce qu'il touche ; la prudence tire avantage de tout ce qu'elle possède.

Croupade.

L'enfance a ses étourderies, et les siècles leurs faiblesses.

Croupe au mur.

A défaut d'yeux, le sentiment trace une route facile à suivre.

Croupière.

On doit se dispenser des particularités si elles sont blessantes et sans utilité réelle.

Cru (monter à).

On doit respecter la simplicité primitive des arts, car le présent est fils du passé.

Débourrer un cheval.

Heureux si le temps fait revenir sur de fausses idées !

Défendre (se).

L'étude des physionomies apprend à déjouer les mauvaises pensées.

Défendre (les chevaux ne peuvent se défendre sans un temps d'arrêt préalable).

Le choix n'est pas douteux entre l'instinct qui, machinalement, divulgue les secrètes manœuvres, et le raisonnement qui ne les déjoue qu'après avoir failli en être la victime.

Délibérer un cheval.

La morale n'est profitable qu'autant qu'elle est faite en temps opportun.

Demander.

Le bonheur consiste à se contenter de peu.

Désarçonner.

On est étranger à tout sentiment profond,

quand, sans motifs plausibles, on se détache de
la foi jurée.

Descente de main.

L'amour véritable se contient avec un fil; la
passion désordonnée rompt les liens les plus
forts.

Désespérade.

Il faut se mettre en garde contre les caprices
du sort, ou croire à la fatalité.

Désuni.

Ne pas savoir se dominer entièrement es
une victoire incomplète.

Détacher la ruade.

Le malavisé qui répond à vos procédés par
des impertinences n'a nul droit à vos égards.

Déterminer un cheval.

Une résolution ferme détruit promptement les mauvais germes qui prennent racine dans les organisations faibles.

Détraquer un cheval.

Pour être bien compris, il faut parler distinctement.

Dévider.

Il faut coordonner toutes ses pensées pour se livrer avec succès aux études sérieuses.

Dompter un cheval.

Il faut de la supériorité pour imposer aux autres, et avoir de l'empire sur soi-même pour n'en pas abuser.

Donner la main.

Les faux amis profitent de vos largesses indiscrètes, pour tramer contre vous.

Dos de carpe, ou doubler les reins.

La malignité est ingénieuse ; il faut, pour n'en pas être la dupe, déjouer ses projets hostiles à leur premier signe d'existence.

***

Doubler.

L'esprit s'embellit par les variations quand elles ne sont pas diffuses.

***

Dresser.

La générosité fait honte à l'avarice ; l'une donne avec grandeur tout ce qu'elle possède, l'autre s'approprie même ce qui ne lui appartient pas.

***

Dresser (se).

La faiblesse qui singe la force est dangereuse, car elle a souvent pour auxiliaire la méchanceté.

Dur à cuire.

Quiconque ne sent pas les justes réprimandes qui lui sont généreusement adressées, à un mauvais cœur.

Ébranler son cheval au galop.

Pour ne blesser aucune des susceptibilités d'un monde exigeant, il faut s'y présenter avec candeur et majesté.

Écart.

La vieillesse n'est pas exempte des faiblesses du jeune âge.

Échapper.

La licence a des bornes qu'on ne peut dépasser sans danger.

Ecouter son cheval.

Il ne faut pas chercher à détourner les pensées qui donnent le bonheur, quelle qu'en soit la raison.

Ecouteux.

Il faut scruter dans le cœur humain jusqu'à ce qu'on ait rencontré les qualités qui doivent s'y trouver.

Écuyer.

Celui qui manque à ses engagements d'honneur est d'autant plus criminel qu'il est certain de ne pas être traduit en justice.

Éducation raisonnée du cheval.

La peine est grandement compensée par le plaisir, si l'on apprécie ce dernier dans toutes ses nuances; mais, faute de réflexion et de patience, il nous échappe et la peine seule nous reste.

Égarer la bouche d'un cheval.

Il y a folie ou mauvaise foi à rendre la chasteté responsable d'un méfait.

Élargir un cheval.

On gagne à prolonger les moments qui concourent au bonheur.

Emboucher un cheval (bien).

Les sujets de plaintes ne doivent pas rendre injuste ; l'homme de tact sait quel langage il convient de tenir pour ne blesser aucune susceptibilité.

Embrasser son cheval.

L'intimité n'est durable que par l'infinité de ses points de contact.

Emporter (s').

Une première faute en entraîne d'autres à sa

suite ; on pense à la rectification dans le moment
du danger : impossible ; il faut revenir au point
de départ.

Encapuchonner (s').

Si les impressions de l'âme se reflètent sur la
physionomie, il faut s'appliquer à en saisir toutes
les nuances.

Enfoncer les éperons dans le ventre du cheval.

La force qui n'est pas tempérée par la raison
neutralise elle-même ses effets et perd les avantages qu'elle possédait auparavant.

Ensemble.

L'esprit est un arsenal où l'on doit trouver au
besoin les armes propres à la sûreté et à la domination.

Entabler (s').

L'absence de sentiments rend impropre aux
bonnes actions.

Entabler le chemin à droite.

L'accomplissement d'une bonne action fait bien augurer des sentiments pour l'avenir.

Entrer dans les coins.

Il y a présomption à vouloir juger tout un homme sur une particularité.

Entretenir.

L'amour qui vous oblige à le surveiller, est peu propre à vous faire croire qu'il agit par inspiration.

Épaule en dedans (l').

Plus on met de prétention dans le langage que l'on ne possède qu'imparfaitement, plus ont étend son ridicule.

Éperon.

C'est toujours au détriment de la raison et de la justice que la forme l'emporte sur le fond.

Équitation (l').

La considération que l'on doit à la vieillesse n'oblige point à partager ses erreurs ; on doit se servir de son expérience pour discerner le mensonge de la vérité et s'élancer vers le progrès de toutes ses forces.

Esbrillade.

Le temps fait toujours justice des erreurs accréditées ; son jugement est lent, mais irrévocable.

Escapade.

Une étourderie de jeunesse n'est pas toujours sans conséquence.

Escaveçade.

Le bourru brusque tout ce qu'il rencontre, aussi est-il peu écouté, ou tourné en ridicule.

Estrapade.

Nos aïeux ont transmis leurs facéties sans songer à l'abus qu'on pourrait en faire.

Extrapasser.

Le sot orgueil salit tout ce qu'il touche et parodie les plus nobles actions.

Étriers.

Il ne faut devoir son bien-être qu'à soi-même.

Façonner un cheval.

La culture bien comprise embellit la nature ; mal comprise, elle la détériore ; l'homme est donc un envoyé de Dieu ou du diable.

Faire la révérence.

Un esprit bien trempé a peu de faiblesses.

Faire valoir un cheval.

Rehausser le talent des autres, c'est augmenter le sien propre.

Fait (le cheval).

Il faut une expérience bien acquise pour ne
pas retomber dans les folies du jeune âge.

Falcade (la).

Tout ce qui reluit n'est pas or.

Fantaisie.

Heureux si le présent n'est pas aux dépens de
l'avenir !

Farouche.

On attribue souvent à des défauts innés des vices qui ne sont dus qu'à une mauvaise fréquentation.

Faux.

Les mauvaises intentions sont toujours visibles à l'œil exercé.

Ferme.

La justesse et la rapidité des pensées n'appartiennent qu'à une organisation supérieure.

Fermer.

Les cœurs ne s'éteignent au sentiment qu'après avoir été le flambeau du bonheur.

Fier.

L'espèce humaine a ses défauts et les animaux leurs qualités.

Filet.

Il faut toujours s'adjoindre un ami qui, plus que vous-même, veille à votre sûreté.

Fin.

Ce que l'on conçoit bien s'exprime clairement,
Et les mots pour le dire arrivent aisément.

(Boileau.)

Fingard.

Il faut vieillir le jugement de la jeunesse, pour qu'ensuite elle rajeunisse nos vieilleries.

Finir un cheval.

Une confidence n'a de mérite qu'autant qu'elle est entière.

Fond.

L'éducation peut donner quelque relief à une nature ingrate, mais rien n'est comparable aux dispositions innées.

Forcer la main.

On doit contenir dans les bornes du respect l'étourdi qui s'émancipe à la première licence qu'on lui permet.

Forces (faire des).

L'adresse profite avec raison de tous ses stratagèmes pour entraîner dans le piége la violence qui la tient emprisonnée.

Forger.

Le désordre de l'esprit est, le plus souvent, dû à la mauvaise fréquentation.

Fougueux.

Il y a souvent un cœur excellent sous une enveloppe grossière, et l'on est bien payé des concessions momentanées qu'on lui a faites.

Foule.

Une société bien choisie contribue au bien-être.

Fournir la carrière.

Pour tenir beaucoup il est prudent de peu promettre.

Frein.

La fortune n'exclut point la bienséance.

Frein (mâcher son).

Un bienfait n'est jamais perdu.

Fuir les hanches.

Les ressources de l'art sont inépuisables, mais l'abus en rétrécit les limites.

Galop.

La nature retire ses prodigalités à quiconque en abuse.

Galop gaillard.

Il faut renvoyer à un autre moment ce qu'on ne peut expliquer avec clarté.

Galopade (la).

Il faut tout faire pour s'élever, mais jamais aux dépens des autres.

Galoper près du tapis.

Il faut se raidir contre l'adversité.

Ganache.

Il ne faut pas changer les noms des choses, mais bien les sottises qui s'y rattachent.

Gaule.

L'homme sans préjugés tire avantage du pauvre comme du riche.

Gourmander un cheval.

L'esprit de taquinerie manque souvent d'à-propos et indispose tout ce qui l'approche.

Gourmette.

Il faut toujours être en garde contre les caprices du sort.

Gourmette (fausse).

Sans les petits, les grands seraient sans force.

***

Goûter la bride.

La modestie use avec modération de ses avantages et se trouve rehaussée par le fait même de sa discrétion.

***

Gouverner son cheval.

La mouche qui terrasse le lion est l'exemple de la faiblesse subjuguant la force par son côté faible.

***

Gras de jambe.

On peut attendre au lendemain, si l'on est porteur de mauvaises nouvelles; mais si elles sont agréables, il faut s'empresser de les annoncer.

Gueulard.

C'est par le raisonnement qu'on vaincra la force brutale.

***

Guindé.

On doit conseiller l'ignorance et mépriser l'arrogance.

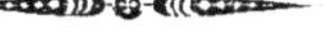

Haquenée.

Piédestal du foyer où certains bâtards prirent naissance.

***

Hagard.

La défiance ne peut arriver à voir les choses sous leur véritable aspect qu'en prenant la douceur pour confidente.

Hanches (être sur les).

Il ne faut pas outre-passer ce qu'on se doit à soi-même et aux autres.

Haras.

Les illusions de la jeunesse s'évanouissent peu à peu devant l'âge mûr, et cèdent la place à la triste réalité.

Hardies (branches).

L'ignorance conduit à la brutalité.

Haridelle.

La nature a ses misères, et l'espèce humaine ses froides railleries.

Harper.

Une bonne ou une mauvaise éducation aide ou contrarie la nature.

Harasser un cheval.

Le bon sens n'abuse jamais de sa supériorité.

Haute École.

La noblesse n'est héréditaire qu'autant que la dignité est le principe de ses actions.

Holà.

Le laconisme est d'autant mieux compris qu'il est perçu plus distinctement.

Homme de cheval.

Il faut être sûr de soi-même pour imposer aux autres.

Hors du montoir.

L'habitude est une seconde nature.

Huit de chiffre.

Ne revient pas au point de départ qui veut.

Inaction.

Le silence est plus puissant qu'on ne pense ; les plus fortes passions échouent contre sa force inerte.

Indomptable.

L'ignorance et la paresse ont fait accoucher la souris d'une montagne.

Instinct.

La bouffissure humaine est insatiable ; elle se repaît du bien d'autrui.

Intelligence (de l')

La fatuité méconnaît les qualités qu'elle ne possède qu'imparfaitement.

Lâcher la main à son cheval.

L'émancipation a des circonstances de gravité que l'on se rappelle toute la vie.

Leçon.

Le langage sans à-propos est un bavardage en pure perte.

Léger à la main.

Les étais ne sont utiles que pour les constructions vicieuses.

Loyal (cheval).

Plus la générosité étend ses largesses, plus il faut de modestie et de réserve dans l'acceptation de ses dons.

Loyale (bouche).

On est injuste et souvent cruel quand l'irré-flexion attribue à l'un les qualités ou les défauts de l'autre.

Main légère.

La bonté change de nom quand elle est sans énergie.

Manége.

Quelques travers que l'on rencontre dans le

cours de la vie, il faut marcher droit son chemin et proclamer la vérité à qui veut l'entendre.

Maquignon.

La renommée est criarde : il faut, avant de se rendre à ses décrets, s'assurer si ce qu'elle attribue à l'un n'est pas le fait de l'autre.

Martingale (la).

Plus on a recours aux autres, moins on compte sur soi-même.

Mêler un cheval.

C'est une perfidie que de détourner les bonnes intentions.

Mener son cheval sagement.

Un toucher délicat conserve aux cordes leur valeur et leur harmonie.

Mettre dans la main.

Il faut faire le bien sans s'inquiéter de la clameur publique : les faits consciencieux parlent trop haut pour ne pas être entendus.

Mézair.

Ce qu'on fait par gloriole est rarement utile pour l'art.

Mis.

Un service ne doit pas se rendre à demi.

Molette.

Les pointes trop multipliées sont sans effet.

Monter entre les piliers.

La véritable bravoure entre en lice sans choix d'armes, de terrain ni d'adversaires.

Montoir.

La définition du pourquoi aplanit bien des
doutes.

Mors (du) et de ses effets.

Les impressions que l'on reçoit doivent être
le dynanomètre des sensations que l'on fait
éprouver.

Mors aux dents.

Tous les moyens sont bons pour recouvrer sa
liberté péniblement conquise.

Nature (mauvaise).

On n'arrache jamais les vices avec toutes
leurs racines, quelque soin qu'on y mette.

Neuf (cheval).

L'organisation la plus heureuse a encore besoin d'un guide éclairé.

Obtenir d'un cheval.

Les recherches consciencieuses font trouver
le moyen d'arriver juste au but.

Ombrageux (cheval).

L'esprit faible se crée des fantômes dont il ne
se débarrasse qu'imparfaitement.

Oscillation.

On flotte longtemps d'erreurs en erreurs avant
que d'aborder la réalité.

Outrer un cheval.

On abuse de tout alors qu'on ne sent plus
rien.

Palefroi.

Le nom est le souffle de l'homme, la chose est
le souffle de la nature : le premier s'envole, le second reste.

Partager les rênes.

Il faut suivre son adversaire dans toutes ses
digressions pour prendre de l'empire sur lui.

Pas (le).

Le calme est indispensable pour la médita-
tion.

Pas de côté.

Le bon sens n'exige que ce que les facultés permettent.

Pas (le), le saut et le galop gaillard.

Les sarcasmes sont de mauvais goût au milieu d'un discours sérieux.

Passage.

Il faut être enjoué, mais toujours bienséant.

Passade.

Un langage correct fait admirer la promptitude des pensées.

Pesade (la).

On expose son avenir en négligeant ses appuis véritables.

Piaffer.

La persévérance et le savoir peuvent donner à la nature informe sa noblesse et son harmonie.

Picoter un cheval.

On froisse toujours l'irritabilité des autres quand on ne se possède pas soi-même.

Piliers (les).

Chassez loin de vous les intrigants qui, à force de flatteries, font révoquer en doute le talent que vous possédez.

Pirouette.

Les secrètes pensées ne doivent être confiées qu'à la plus grande intimité.

Piste (la).

On doit tracer à l'avance son plan de conduite, pour que le chemin sinueux de la vie soit une route de bonheur.

Placer un cheval.

La vie serait un fardeau si l'on ne savait l'em-bellir.

Plate longe.

La supériorité étend ses moyens de domina-tion à l'aide de fils imperceptibles.

Plier le col d'un cheval.

C'est par le fini des détails qu'on harmonise le tout.

Pointe.

L'oubli de soi-même encourage les injures.

Position de l'homme à cheval.

La nature a ses lois, les principes leurs règles, et l'homme ses préjugés.

Race.

Les masses sont encore plus qu'elles ne pensent sous l'influence des préjugés.

Raccourcir un cheval.

Plus l'esprit a de consistance, et plus il a de brillant et de justesse.

Ralentir un cheval.

Un mot bienveillant placé à propos est d'un grand soulagement.

Ralentir (se).

On ne peut être sous une influence quelconque sans en sentir bientôt la domination.

Ramener (tous les chevaux peuvent).

La vérité a ses ennemis, et l'erreur ses partisans.

Ramingue.

On est souvent la dupe d'une faiblesse devant un arrogant.

Rare.

L'amour-propre croit avoir ce qu'il ne possède pas.

Raser le tapis.

Il y a du danger à être trop près de son ennemi.

Rassembler.

Le mérite ennoblit la pauvreté, séduit tout ce qui l'approche, et embellit tout ce qu'il touche.

Rebours.

L'ignorance engendre la brutalité et laisse des traces souvent ineffaçables.

Rebuter un cheval.

Les reproches qu'on n'a pas mérités exaspèrent ou rendent insensible.

Réchauffer un cheval.

L'esprit affaibli qui méconnaît l'évidence ne peut prétendre à un brillant avenir.

Rechercher.

C'est avec discrétion qu'on doit scruter les pensées des autres.

Recommencer un cheval.

L'orgueil rougit devant le talent modeste qui ramène l'harmonie là où lui-même n'avait jeté que la confusion.

Reculer (du).

Les sciences ne rétrogradent momentanément que pour marcher ensuite avec plus de rapidité.

Réduire un cheval.

Tous les moyens sont bons à la mauvaise foi pour parvenir à ses fins.

Rênes.

La justesse et l'à-propos doivent régler nos actions.

Rêne (prendre la cinquième).

La science met sur la même ligne le pauvre et le riche ; il faut apprendre pour savoir.

Renverser.

Le demi-savant est un grand pédant d'ordinaire.

Replier.

La ruse ne doit servir qu'à déjouer celle des autres.

Reprise (la).

L'homme studieux qui remplit sa tâche avec zèle, apprécie mieux les douceurs du repos.

Rétif.

Les suites d'une mauvaise éducation sont incalculables.

Rouler à cheval.

Une longue fréquentation donne l'intimité.

Ruade.

L'esprit a ses débordements quand il n'est pas contenu dans les limites du respect.

Rudoyer.

De maître que l'on est on peut devenir esclave, et *vice versâ*.

Saccade.

Le fat remplace le raisonnement par les injures.

Sage.

Les animaux mêmes se prosternent devant
les bonnes qualités.

Saut de barrière.

Les sentiments et l'intimité ne sont réels
qu'autant qu'ils aident et secourent la bonne foi
qui réclame leur assistance.

Saut de mouton.

L'éducation qui n'atténue pas la fougue du
jeune âge s'expose à en être la première victime.

Saut de pie.

Tout ne serait que confusion si l'ordre n'arri-
vait pour mettre chaque chose à sa place.

Scier du filet.

C'est en détournant les mauvaises pensées qu'on les combat.

Selle (la).

On ne connaît les amis qu'après les avoir mis à l'épreuve.

Sentir son cheval.

Le tact ménage les susceptibilités et fait naître la sympathie.

Solliciter.

C'est alors qu'on demande un service qu'il faut de la dignité.

Soubresaut.

Le mépris prend toutes les formes pour effrayer la pusillanimité.

Souple.

Les études premières bien comprises conduisent à l'érudition.

Soutenir un cheval.

L'adversité a droit à notre commisération.

Surmener un cheval.

La faiblesse abuse de sa force comme l'ivrogne
abuse du vin.

Surprendre un cheval.

Il y a de la déloyauté à se venger d'un ennemi
sans défense.

Tâter son cheval.

Il faut peu de temps à l'homme de sens pour juger son adversaire.

Terre-à-terre.

Les licences ne se permettent que sur des organisations souvent mises à l'épreuve.

Tête au mur.

Les difficultés ne se présentent sous une forme gigantesque que parce qu'elles ont des pygmées pour adversaires.

Travail des chevaux en liberté.

Les choses de peu d'importance bien exécutées préparent une route secrète pour franchir les espaces imaginaires.

Travail en place.

C'est au repos qu'on peut réunir tous les matériaux nécessaires à la confection d'une belle œuvre.

Traverser.

On tombe souvent dans l'ornière dès qu'on s'éloigne de la route tracée.

Trépigner.

La colère apparaît sous mille formes; mais le masque dont elle s'affuble ne peut la rendre méconnaissable.

Tride.

La connaissance du beau fait admirer la nature et chérir l'art, qui en est l'image.

Trot.

La volubilité du langage ne doit pas en détruire l'harmonie ni diminuer la netteté des pensées.

Unir un cheval.

Les défauts que nous reprochons à nos subordonnés sont parfois notre propre ouvrage.

Vaillant (un cheval).

Pourquoi les belles âmes sont-elles d'une aussi grande rareté !

Ventre à terre.

L'asservissement outré dégrade l'âme et prépare une misère anticipée.

Volontaire.

L'insubordination demande une pomme aujourd'hui et exige la lune le lendemain.

Volte.

La forme du monde est pour nous de peu d'importance ; mais le fini des détails mérite toute notre attention.

Volte (demi-).

Les difficultés ne sont attaquables qu'autant qu'on a la conviction de les combattre avec succès.

Voltiger.

Il faut joindre l'esprit à l'art pour captiver les faveurs du public et se rendre digne de ses suffrages.

--------⊷◇⊶--------

Partisan.

La nation la plus orgueilleuse est forcée d'abaisser son arrogance devant l'ennemi généreux qui, après l'avoir vaincue, embellit ses domaines et rehausse sa dignité.

NOTES

DES

Passe-Temps

ÉQUESTRES.

Notes.

Abandonner un cheval.

Le cheval *abandonné* à lui-même peut se livrer à tous les égarements de sa fougue, exposer les jours du cavalier et les siens.

Acculer un cheval.

Quelque calme que soit un cheval, si le cavalier le comprime trop péniblement, il *l'acculera* et pourra même le renverser, surtout alors que le cheval a peu de force dans son arrière-main.

Acculer (s').

Le cheval dressé ne *s'accule* jamais; il est au cheval brut ce qu'est l'homme érudit à l'homme ignorant : ni l'un ni l'autre ne feront des choses entièrement opposées aux bonnes leçons qu'ils ont reçues, et dont ils ont apprécié les avantages.

Acheminer un cheval.

Les défenses des chevaux ont souvent pour cause la négligence que l'on apporte à les *acheminer* : ils sont entraînés à faire le mal lorsqu'ils sont châtiés pour le bien qu'ils font.

Achever un cheval.

Je ne sache pas qu'il y ait d'autre auteur des lois naturelles que Dieu, et d'autre *coordonnateur* pour leur application que l'homme. *Achever un cheval* en est une preuve vivante.

Action.

Les dons véritables de la nature percent à travers tous les âges. *L'action* est une qualité de l'âme ; elle paraît et disparaît avec la vie.

Adela.

Il faut, si l'on veut être compris du cheval, que les mouvements des mains et du corps soient bien en rapport avec le mot insignifiant *Adela*.

Aides (les).

Il faut *aider* le jeune cheval pour s'en faire comprendre, conserver la force et les bonnes dispositions du cheval adulte pour en tirer parti, et donner au vieux cheval les moyens de rendre encore quelques services.

Airs bas.

Les *airs bas* laissent peu de chose pour la

gloriole; mais ils ont du moins le double avantage de ne compromettre ni la réputation de l'écuyer, ni l'organisation du cheval.

Airs relevés.

L'écuyer qui ne vise qu'aux *airs relevés* ne comprend l'art qu'à demi et manque souvent son but. Heureux quand il ne rend pas l'organisation du cheval victime de son vaniteux savoir.

Ajuster un cheval.

Il est peu d'écuyers qui n'aient monté des chevaux avec la certitude qu'ils exposaient leurs jours ; il en est peu aussi qui soient moralement sûrs d'arriver à bien *ajuster un cheval*.

Ajuster les rênes.

Ajuster les rênes, c'est leur donner une juste et égale tension ; néanmoins, dans les divers plis à donner à l'encolure, l'une doit primer sur l'autre.

Alléger.

Le cheval lourd à la main est non-seulement disgracieux, mais sujet aux chutes et incapable d'apprécier les effets du mors. C'est en *allégeant* cette lourde masse que le cavalier pourra compter sur une obéissance passive.

Amazone.

La condition indispensable pour une *amazone* c'est un cheval dressé ; elle pourra alors rivaliser, pour la précision du travail, avec les premiers écuyers.

(J'entends par *Guide*, qui pourrait être pris dans une fausse acception, non pas le cheval conduisant l'amazone, mais la précédant par sa marche.)

Amble (l').

L'amble, étant une allure naturelle à une espèce de chevaux qui rend de très-grands services, doit certainement être préféré aux allures décousues de ces chevaux de 1|10me de sang que nos fashionables ont mis à la mode.

Animer un cheval.

Il y a de la cruauté à rouer de coups le pauvre animal auquel il est physiquement impossible de précipiter ses mouvements, ou celui qui est naturellement paresseux ; il faut secourir l'un et *animer* l'autre, si l'on veut encore en tirer quelques services.

Appui.

Comme tous les chevaux peuvent avoir un bon *appui*, c'est à l'aide de mouvements justement raisonnés que l'on obtiendra cette légèreté ; les mouvements non coordonnés étant sans but, seraient sans résultat.

Appuyer des deux.

L'on ne doit pas, comme le prescrivaient les

anciens auteurs, *appuyer des deux* toujours vi-
goureusement et seulement comme châtiment ;
c'est en se servant des éperons graduellement,
et surtout comme moyen d'éducation, qu'on en
tirera des effets magiques.

Ardeur.

L'*ardeur* est une qualité innée chez le bon
cheval ; malheureusement on en abuse souvent,
et le cheval est épuisé avant l'âge. Il n'y a, il est
vrai, que de mauvais cavaliers qui mésusent
ainsi des précieuses qualités de leurs chevaux....
Mais. chut ! ils sont en majorité.

Armer (s').

Le cheval qui *s'arme* pourrait se briser la tête
contre un mur ou tout autre obstacle si le cavalier ne détruisait instantanément toutes les forces
qui amènent ce moment d'exaspération ; c'est
après la réussite de ce moyen pratique que le
cheval semble témoigner sa reconnaissance par
une grande légèreté.

Arrêt (l').

Le cavalier doit profiter des temps *d'arrêt* pour repasser dans son esprit toutes les nuances du travail qui a précédé, s'adresser de graves reproches si le cheval a mal compris, et bien se promettre d'observer dans la suite plus d'ordre et de gradation.

Arrèt (le demi-).

Les *demi-arrèts* servent à réveiller l'excitabilité du cheval et le forcent à porter son attention sur le cavalier. Ils donnent encore de la gràce à sa position et de la cadence à ses mouvements.

Arrondir un cheval.

Le cheval suivra d'autant plus exactement le contour d'une ligne circulaire qu'il *s'arrondira* plus facilement.

Assembler.

Chaque jour on prononce le mot *assembler*

sans se rendre compte de ce qui constitue sa mise en pratique; aussi, les dispositions du cheval étant paralysées, il est mis, malgré ses qualités, au rang des chevaux incapables. *Voila le revers de la médaille.*

Asseoir.

Le manque ou l'excès d'exercice dans les jarrets détruit leur élasticité, et les réactions ne s'opérant plus qu'à temps inégaux, le cheval ne peut *s'asseoir* que très-difficilement.

(*Voir le* DICTIONNAIRE RAISONNÉ.)

Assouplissement.

Ce n'est qu'aujourd'hui que l'on comprend réellement quelle influence exerce sur toute la masse l'*assouplissement* complet de l'encolure et de quelle utilité il est pour la prompte et belle éducation du cheval.

Assuré.

Pour faire comprendre que le cheval trotte

bien et est *assuré*, les maquignons normands se servent de cette expression : *Il méprise la terre qui le porte.*

Attacher (s').

Les résistances que l'on présente au cheval qui *s'attache* ne doivent pas être machinalement employées, mais avoir pour but de détruire les forces qu'il nous oppose. L'action de rendre doit suivre immédiatement chaque acte d'obéissance, ou la punition serait inutile et même nuisible.

Attaquer.

Il ne faut sévir énergiquement contre le cheval qu'après s'être assuré qu'il agit méchamment. Pour s'en convaincre, il faut, avant d'avoir recours aux *attaques*, employer graduellement les moyens d'aides.

Attendre.

Le véritable écuyer ne demande pas au jeune

cheval plus qu'il ne peut faire; il sait *attendre* qu'il soit en âge de force pour satisfaire ses exigences, persuadé que le temps est une seconde nature.

Aubin.

Les rudes travaux auxquels on assujettit les chevaux de poste détériorent leurs allures véritables et leur en font prendre de défectueuses. C'est en vain que le cheval qui marche l'*aubin* voudrait reprendre ses allures premières.

Avantage (être monté à son).

Plus le cavalier sera en rapports de proportions avec son cheval, plus il sera *monté à son avantage*. Les points de contact étant plus nombreux, l'intimité suivra tout naturellement.

Averti (pas).

Le *pas averti* étant, par sa nature, soutenu et cadencé, doit conserver son mouvement harmonieux pendant tout le temps que dure ce travail. Si l'art se prosterne devant une aussi belle nature, la nature doit, à son tour, admirer l'art, qui, bien souvent, se met en son lieu et place.

Avertir.

Le cheval est le miroir où se reflètent les qualités ou les défauts de l'écuyer. Pour s'en faire une idée, il suffit de le voir *avertir son cheval.*

Balancer.

La mauvaise construction des chevaux les rend incertains dans leurs allures et les porte à se *balancer.*
(*Voir le* Dictionnaire raisonné.)

Ballottade (la).

Le sarcasme et la raillerie représentent les ruades et *ballottades* d'un cheval placé dans les piliers.

Le cavalier qui en supporte les mouvements
en selle rase fait preuve d'une vraie solidité.

Barres.

Avant la publication du *Dictionnaire raisonné*
on attribuait aux *barres* les résistances des chevaux ; de là s'ensuivaient mille moyens inop-
portuns, toujours au détriment de l'art et des
chevaux. C'est de l'apparition du Dictionnaire
raisonné que date la *réhabilitation* des *barres*.

Battre à la main.

L'action de *battre à la main* renferme souvent une intention de défense de la part du cheval. Le cavalier *ami du progrès* peut en détruire
le principe en quelques minutes ; celui qui pro-
gresse à la manière des écrevisses rangera ce
mouvement passager du cheval parmi les *cas ré-
dhibitoires*.

Bégayer.

Le mouvement saccadé de la mâchoire du

cheval s'appelle bégayer. Non-seulement cette action fait sortir le cheval de la main, mais elle le jette sur les épaules et le conduit à se défendre. C'est à l'aide d'à-propos, de petits temps bien saisis, qu'on arrête tout ce qui pourrait tourner à mal.

Bercer.

Le *bercement* des reins et de la croupe rend le cheval incapable de supporter un rassemblé complet et d'exécuter par conséquent les difficultés de l'art.

Bond (le).

Le *bond*, qui n'est que le mouvement de fougue d'un jeune cheval, pourrait avoir des suites fâcheuses si le cavalier ne déjouait ces enfantillages avant qu'ils ne fussent dégénérés en défenses.

Bouche égarée.

Le Dictionnaire a démontré dans maints passages que la bouche du cheval était *une* et que l'on avait toujours pris l'effet pour la cause en attribuant à la bouche les résistances qui n'étaient dues qu'à une mauvaise répartition de forces et de poids. La dénomination de *bouche égarée* est donc fausse. J'en demande bien pardon à l'auteur.

Bouts (les deux) en dedans.

Le travail des *deux bouts en dedans* étant une difficulté de l'art, il y aurait inconvénient à trop prolonger ce mouvement, tout à fait contre nature.

Branle de galop.

Faire succéder l'harmonie à la confusion et arriver ainsi à donner un beau *branle de galop* à la nature du cheval la plus ingrate, est ce qui constitue le véritable écuyer.

Brave.

L'action primitive chez le cheval est une des

qualités qui le rendent franc et *brave*. L'art peut bien lui donner une vigueur factice, mais elle n'est que momentanée, et ne peut être confondue avec le brillant continu que donne l'action naturelle.

Brider (se bien).

En démontrant ce qui provoquait les mauvaises positions de la tête, j'ai indiqué les moyens à employer pour forcer tous les chevaux à se *bien brider* en moins de dix minutes.

Bridon.

La bride combat les forces qui tendent à éloigner le nez; le *bridon* détruit les forces latérales et celles qui abaissent; il doit donc toujours accompagner la bride, et *vice versâ*.

Brillant.

Le *brillant* dans le cheval est comme le génie dans l'homme; il demande, pour être durable, une force d'impulsion qui se renouvelle toujours avec la même énergie. Aussi le cheval qui n'a qu'un brillant factice trompe-t-il les espérances de son acquéreur.

Bringue (une).

On est toujours disposé à railler le propriétaire d'une *bringue*, mais on voit avec peine entre ses mains le beau cheval qu'on voudrait posséder.

Brouiller (se).

Le cavalier qui demande au cheval plus qu'il ne peut faire, *brouille* ses mouvements et le pousse à faire un usage immodéré de ses forces.

Buade.

L'ancienne équitation avait la ferme conviction que les différentes formes de mors, entre autres ceux à la *Buade*, avaient une influence directe sur l'éducation des chevaux. J'ai tout fait pour déraciner ces anciens préjugés; je ne doute pas qu'une fois ma méthode adoptée, les chevaux ne m'en témoignent leur reconnaissance.

Cabrer.

Le cheval ardent et solidement construit non-seulement ne se *cabre* pas, mais il refuse même de se prêter à ce mouvement. Cette défense a toujours pour origine un caractère mou et une mauvaise disposition physique.

Cabriole.

En admettant que l'on puisse retirer quelque avantage de la *cabriole*, elle réclame de l'écuyer qui veut exécuter ce mouvement violent beaucoup de discernement et de douceur.

Cadence.

La *cadence* étant un des mouvements les plus

gracieux du cheval, l'équitation doit chercher les moyens d'en donner à tous les chevaux, quelque vicieuse que soit leur nature. Le titre d'écuyer est à ce prix.

Caracoler.

Rien ne fait mieux sentir les difficultés que présente un art que de les voir exécuter par un ignorant prétentieux. Il s'imagine faire *caracoler* son cheval quand il ne fait que l'extra-passer.

Carrière

Quel que soit le lieu que choisisse l'écuyer pour démontrer ses principes, s'il jouit d'une réputation méritée, on courra, pour entendre ses leçons, du manége à la *carrière*, et de la *carrière* au manége, sans aucune distinction.

Carrousel.

De tous les exercices, les *carrousels* sont les

seuls qui rehaussent vraiment la dignité de l'homme.

Casse-cou.

On peut, sans être taxé de poltronnerie, ne pas être le bourreau de son corps et être un *casse-cou* raisonnable.

Caveçon.

J'ai toujours été opposé à l'usage du *caveçon* comme moyen d'assouplissement pour les jeunes chevaux; il est inutile pour un homme habile, et dangereux dans de mauvaises mains. C'est à cheval que doit s'étendre l'influence du cavalier sur sa monture.

Chambrière.

La *chambrière* est une arme dont il ne faut user qu'avec la plus grande discrétion; son usage continuel et immodéré produit un mauvais effet sur le moral du cheval; elle lui apprend à fuir et à résister.

Changement de main.

Le cheval bien dressé doit conserver le même gracieux dans sa position, et la même facilité dans ses mouvements sur la ligne droite et sur la ligne du *changement de main*.

Changement de main renversé.

Il faut, dans le *changement de main renversé* comme dans tous les airs de manége que l'on fait exécuter au cheval, mesurer de l'œil le terrain qu'il doit parcourir, afin de donner au travail tout le fini et toute la justesse désirables.

Chasser son cheval en avant.

La gradation dans la pression des jambes du cavalier ménage les forces du cheval et les siennes propres, parce qu'il réserve pour les occasions une puissance capable de *chasser son cheval en avant*.

Châtier.

Savoir *châtier* un cheval, c'est savoir le dresser. Pour y parvenir, il faut joindre aux connaissances équestres l'esprit et le bon sens. Châtier un cheval n'est donc pas le fait d'un homme ordinaire.

Chatouiller.

L'approche continuelle et involontaire des éperons *chatouille* désagréablement le cheval susceptible. Le cheval franc et froid sent bien qu'un insecte le pique, mais il laisse s'émousser son inutile aiguillon.

Chatouilleux.

Pour corriger le cheval *chatouilleux*, il faut se servir des mains et des jambes avec lenteur et progression ; bientôt il apercevra l'effet de leur juste opposition sans que l'impression lui en soit désagréable.

Chercher sa cinquième jambe.

Moins le cheval est en équilibre, plus il est exposé aux chutes, surtout si le poids de son corps est rejeté sur les épaules, ou si, comme on le dit vulgairement, il *cherche sa cinquième jambe*.

Cheval.

Celui qui ne porte pas d'amitié au *cheval* et n'est pas pénétré d'admiration pour ce noble animal, est étranger à tout bon sentiment.

Cheval dans la main.

La distribution des forces et du poids ne s'opère sûrement qu'avec le *cheval dans la main :* et c'est à l'aide de cette distribution bien entendue que le cheval exécute avec précision les plus grandes difficultés de l'équitation.

Cheval entier à une main.

La dénomination de *cheval entier à une main*

est un non-sens, et la cause de ce vice une erreur. Les auteurs ont attribué à la dureté d'une barre ou à une mauvaise conformation la résistance qu'opposaient certains chevaux pour tourner d'un côté, tandis que le manque de souplesse de l'encolure en était la véritable cause.

(*Voir le* DICTIONNAIRE RAISONNÉ.)

Cheval portant bas.

Cette position, qui retire au cheval sa fierté, paralyse aussi ses mouvements ; il faut donc mettre à contribution toutes les ressources de l'art pour rendre au cheval *portant bas* toute la dignité de son origine primitive.

Cheval portant au vent.

L'écuyer qui laisserait son cheval *porter au vent* serait octogénaire de fait malgré son jeune âge.

Chevaler.

Les pas de côté, pour être corrects, doivent

être cadencés et séparés les uns des autres de manière à ce que le pied qui *chevale* ne touche jamais celui qui fait appui.

Chevaucher.

Les auteurs modernes ont mis le mot *chevaucher* à la mode en lui donnant une seule signification; tandis que les dictionnaires les plus renommés, tout en lui donnant diverses acceptions, le considèrent comme un vieux mot usé.

Chopper.

Quelque beau que soit un cheval, s'il a pour défaut de *chopper*, il perd une grande partie de sa valeur.

Col ou encolure.

Quelle que soit la raideur de l'*encolure*, elle ne résistera pas cinq minutes à l'emploi bien combiné des effets de tact d'un cavalier habile.

(*Voir* le Dictionnaire raisonné.)

Conduire son cheval étroit ou large.

Il suffit de bien exercer les forces du cheval en tous sens pour être assuré de le *conduire* facilement *étroit ou large*.

Confirmer.

Si *confirmer* un cheval est le *nec plus ultrà* de son éducation, il faut, avant de lui donner ce titre, s'assurer s'il est bien digne de le porter.

Contredanse.

Pour bien exécuter les *contredanses* équestres, il faut, pour condition première, que le travail du cheval soit régulier et les figures des quadrilles exécutées en mesure. C'est alors que les *contredanses* joindront à l'agrément qu'elles procurent, l'avantage d'apprendre à bien manier son cheval.

Contre-changement de main (le).

Les *contre-changements de main* n'auront rien

de pénible pour le cheval s'il passe d'une jambe sur l'autre sans confusion ni contre-temps.

Contre-temps.

Les forces du cheval, mal coordonnées, s'entre-choquent entre elles et donnent naissance au *contre temps* ; l'assouplissement est le seul remède pour leur donner tout l'ensemble désirable.

Coucher (se).

Le cheval qui se jette sur les jambes du cavalier, au point de *se coucher* dessus, n'est certainement pas un cheval d'action. Il serait impossible d'en tirer un bon service, s'il ne passait par une série d'exercices habilement conçus et basés sur une théorie méthodique.

(Faubourg St-Martin, 11, au Manége, pour l'application.)

Coup de hache.

La forme d'encolure désignée sous le nom de

coup de hache n'est pas un obstacle à la bonne position de cette partie; mais, pour être sûr d'y parvenir, il ne faut entreprendre cette tâche difficile qu'après avoir acquis la conscience de son habileté.

Couper (se).

L'action de *se couper* est généralement un signe de faiblesse chez le cheval. Il faut être bien peu clairvoyant pour ne pas s'en apercevoir.

Courbette (la).

Jusqu'à ce que les écuyers aient bien prouvé ce qu'ils entendent par équilibre, et ce qui le constitue, ils ne trouveront pas mauvais que j'élève des doutes sur l'utilité des *courbettes*, puisque, selon moi, elles tendent à éloigner le cheval de la belle position, sans laquelle il n'est rien de juste ni de combiné.

Course.

Quoique les amateurs de chevaux vantent

l'utilité des *courses* pour le perfectionnement des races, je la révoque en doute pour les chevaux dont on se sert journellement. Cette vitesse ruine tous ceux qui y sont sacrifiés, et est tout au plus bonne à faire ouvrir de grands yeux aux indifférents.

Courses au clocher.

Les *courses au clocher* sont une des folies de nos voisins d'outre-mer. Il me semble que notre manie d'imitation anglicane aurait pu mieux trouver. Ces tours de force sans intérêt pour l'art hippique, sans utilité pour la science équestre, ne sont bons qu'à servir de piédestal à la vanité, ou à satisfaire la cupidité des héritiers.

Courses de bagues.

L'avantage, entre deux joueurs d'une égale force, reste toujours à celui qui attend les effets de son adresse et ne la commande pas. Les *courses de bagues* sont, au surplus, un puissant motif d'émulation.

Cousu.

Heureux celui qui joint à une bonne disposition physique un moral bien trempé ; il suivra,
sans vaciller, les mouvements du cheval, et pa-
raîtra *cousu* sur la selle.

Cravache.

Il en est de la *cravache* comme de tous les
moyens coërcitifs : il faut savoir saisir le moment
de son application ; du reste, l'éperon doit avoir
sur elle une préférence marquée, puisqu'il fait
partie des moyens d'aides et qu'il agit plus direc-
tement sur la masse.

Croupade (la).

La *croupade* est un saut de gaieté familier aux
jeunes chevaux. Les de Labroue, de Pluvinel et
de Laguérinière n'avaient rien trouvé de mieux
que de passer leur temps à contraindre le cheval
à exécuter ces airs relevés. Respect aux anciens !

Croupe au mur.

Le cavalier qui sent toutes les positions de son cheval, contiendra sa *croupe* à la même distance du *mur*, tout en conservant une direction juste aux épaules.

Croupière.

Les inconvénients qu'entraîne l'usage de la *croupière* ne sont pas compensés par les avantages qu'elle procure. Le culeron blesse ou fait ruer quantité de chevaux; il faut donc, autant que possible, ne pas en embarrasser l'animal.

Cru (monter à).

Xénophon est un des premiers cavaliers célèbres qui aient *monté* le cheval *à cru*. Si le père de l'équitation avait eu des selles à la Theurkauff, il est probable qu'il aurait donné plus de brillant à sa tenue et plus de délicatesse à ses mouvements.

Débourrer un cheval.

Je crois avoir suffisamment prouvé que les moyens dont on s'était servi jusqu'à présent pour *débourrer un cheval* sont impropres. J'espère qu'enfin on ouvrira les yeux, et qu'on cessera d'être en désaccord avec des animaux aussi intelligents.

Défendre (se).

L'écuyer véritable doit, d'après les résistances du cheval, savoir quelles seront ses *défenses*, et en prévenir l'exécution.

Défendre (les chevaux ne peuvent se défendre sans un temps d'arrêt préalable).

Toutes les défenses des chevaux sont précédées d'un changement de position, puis d'*un temps d'arrêt;* l'écuyer qui ne sait pas saisir ces changements devient naturellement le jouet du cheval, qui bientôt en fait sa victime.

Délibérer un cheval.

Délibérer un cheval, c'est employer avec à-propos les moyens qui contribuent à lui faire prendre immédiatement et avec régularité telle ou telle allure.

Demander.

Le cheval exécute d'autant plus facilement un mouvement, qu'il lui a été *demandé* avec discrétion.

Désarçonner.

A moins d'un cas tout à fait imprévu, on n'est pas cavalier quand on se laisse *désarçonner* par quelques ruades ou autres mouvements tout aussi faciles à suivre.

Descente de main.

Le cheval qui conserve une légèreté constante, même avec une *descente de main*, est dans un équilibre parfait ; celui qui ne prend cette belle position qu'accidentellement, passe souvent de la légèreté à des résistances que ne peuvent vaincre les mors les plus violents.

Désespérade.

Celui qui veut braver la fougue d'un cheval qui va à la *désespérade*, et ignore les moyens de le maîtriser, s'expose à des accidents que le hasard seul peut prévenir.

Désuni.

Le cheval est *désuni* quand le mouvement d'une jambe est en désaccord avec celui des autres jambes. Le cavalier qui ne sent pas l'irrégularité de l'allure ne peut prétendre au titre d'écuyer : il doit attendre, pour dresser un cheval, qu'il ait acquis plus de tact et de sentiment.

Détacher la ruade.

Le cheval qui, sans provocation indiscrète,

détache la ruade, doit être sévèrement puni ; la meilleure punition est celle qui l'empêche de renouveler cet acte de défense.

(DICTIONNAIRE RAISONNÉ, p. 71.)

Déterminer un cheval.

Il faut une excellente assiette et un mécanisme bien exercé pour vaincre toutes les résistances d'un cheval, et le *déterminer* franchement en avant.

Détraquer.

Jamais le bon cavalier, dont tous les efforts ont pour but d'harmoniser les forces du cheval, ne *détraquera* ses allures.

Dévider.

Si un rassembler exact a précédé le travail des deux pistes, le cheval ne pourra *dévider* à l'insu de son cavalier.

Dompter.

Non-seulement il faut de l'habileté en équitation pour *dompter* un cheval, mais il faut encore y joindre beaucoup de sang-froid, afin de trouver dans le calme de son esprit la cause, les effets et les moyens.

Donner la main.

Si le cheval se maintient sans efforts dans une belle position, on peut sans crainte lui *donner la main*; mais il y aurait de l'imprudence à en agir ainsi avec un cheval sur la main.

Dos de carpe.

Les chevaux, pour se débarrasser du cavalier, prennent diverses positions et entre autres celle du *dos de carpe*. On s'exposerait à en être la victime si l'on ne détruisait immédiatement tout ce que fomente leur malignité.

Doubler.

Le cheval suit d'autant plus exactement la ligne du *doubler*, qu'il y a été bien préparé par le contour gracieux de ses formes.

Dresser.

Pour obtenir un *dresser* parfait, l'écuyer véritable utilise toutes ses connaissances; celui qui n'en a que le titre ne peut briller qu'en détournant à son profit le talent des autres.

Dresser (se).

Les chevaux ne se *dressent* un moment que pour se porter en avant avec énergie; les chevaux faibles, au contraire, ne prennent cette position que parce que l'arrière-main manque de force pour chasser la masse en avant.

Dur à cuire.

L'on ne peut espérer un service agréable du

cheval qui reste insensible à de violentes attaques, ou qui est *dur à cuire*.

Ébranler.

L'écuyer qui sait *ébranler* un cheval au galop, sait le rassembler. Cette dernière condition
obtenue, le cheval continuera gracieusement la
cadence de cette belle allure.

Écart.

Les jeunes chevaux s'éloignent souvent, par
des *écarts*, des objets qui les effraient; les vieux
chevaux, quoique moins sujets à ces mouvements brusques, s'y livrent encore quelquefois.

Échapper.

Il y a toujours du danger à laisser *échapper*
son cheval, surtout à une allure accélérée. Il
faut laisser cette insignifiante bravade aux fous
et aux casse-cous.

Ecouter.

Il suffit de bien *écouter* son cheval pour éviter d'apporter le moindre changement dans le travail qu'il exécute avec facilité. Le cavalier qui possède ce sentiment mérite déjà une mention honorable.

Ecouteux.

C'est en tâtant son cheval que l'on parvient à trouver la corde sensible et vibrante qui donne de la franchise aux allures et fait disparaître promptement son caractère *écouteux*.

Écuyer.

La probité équestre est le plus beau fleuron que puisse ambitionner celui que son talent fit décorer du titre d'*écuyer*.

Éducation raisonnée.

L'éducation du cheval, habilement raisonnée,

procure une foule de sensations agréables ; mais si les moyens pratiques sont embrouillés, le plaisir s'envole et l'éducation est à refaire.

(*Voir le* Dictionnaire raisonné.)

Égarer la bouche d'un cheval.

C'est en demandant au cheval des choses impossibles, c'est en contraignant péniblement toutes ses parties agissantes, qu'on le désespère au point de le rendre dangereusement méchant : on *égare* ses forces, son esprit, mais sa bouche reste intacte.

Élargir un cheval.

Savoir *élargir un cheval,* c'est savoir le diriger et commencer à trouver la clef des jouissances équestres.

Emboucher un cheval (bien).

Il faut bien se garder d'augmenter la dureté du mors en proportion des résistances du cheval. *Bien emboucher un cheval*, c'est placer dans sa bouche le mors le plus doux avec les proportions expliquées dans le *Dictionnaire raisonné*.

Embrasser.

Il faut que les cuisses et les jambes du cavalier fassent corps avec le cheval; c'est en l'*embrassant* le plus possible qu'il trouvera les moyens de le suivre et de le diriger facilement.

Emporter (s').

Des forces mal réparties rendent les efforts du cavalier impuissants, quand il plaît au cheval de *s'emporter*. Revenir aux effets d'assouplissement et à un travail spécial est le seul moyen d'assurer votre domination.

Encapuchonner (s').

Les chevaux, pour nous résister, outre-passent toujours la position qui leur est naturelle;

ainsi le cheval qui a l'encolure rouée *s'enca-
puchonne* et paralyse ainsi les effets du mors;
le cavalier doit être apte à déjouer cette ruse,
qui pourrait lui devenir funeste.

Enfoncer les éperons.

Quelque vigoureux que soit le *contact des éperons* avec les flancs du cheval, ils doivent toujours
avoir la main pour auxiliaire, ou la force d'impulsion qu'ils communiquent tournerait à l'a-
vantage du cheval.

Ensemble.

C'est par *l'ensemble* que donne le parfait accord des poignets et des jambes, qu'un cavalier
peut déjouer les défenses instinctives ou prémé-
ditées du cheval, et le conduire insensiblement
au fini de l'éducation.

Entabler (s').

Le cheval est dit *s'entabler* lorsque, dans le

travail de deux pistes, la croupe précède les épaules. Le cavalier qui n'a pas le tact équestre assez développé pour sentir cette fausse position doit rester sous la tutelle du professeur.

Entamer.

Le cavalier qui sent bien sur quel pied son cheval *entame* le galop, se rendra facilement compte des changements qui peuvent survenir dans le jeu de ses membres pendant le cours de son travail.

Entrer dans les coins.

L'ancienne équitation attachait une grande importance à bien faire *entrer le cheval dans les coins*. Je pense qu'on peut mieux juger de l'habileté du cavalier sur une ligne droite, parce que c'est là seulement qu'il pourra exécuter la plus grande difficulté équestre : le rassembler.

Entretenir.

Le cheval dont il faut sans cesse *entretenir*

l'action, n'en a pas assez par sa nature pour rendre jamais un service agréable.

Épaule en dedans.

Quoiqu'il paraisse simple de faire exécuter l'*épaule en dedans* à un cheval, il faut bien se garder d'entreprendre cette difficulté avant d'avoir surmonté celles qui en présentent moins.

Éperon.

Presque toute la cavalerie de l'empire portait de longues branches d'*éperons*; après elle vinrent les marchands de calicot qui en augmentèrent encore la longueur. Comme les premiers dressaient peu de chevaux et que les seconds n'en montaient jamais, on pouvait sans crainte leur laisser ce ridicule de l'époque. Le *Diction- naire raisonné* a donné, pour la longueur des branches, des dimensions que la raison et le ta- lent se sont empressés d'admettre.

Équitation.

L'art de l'*Équitation* était resté longtemps stationnaire ; il fallait le détacher de cette filière de principes faux et confus transmis de père en fils ; il fallait transformer ce labyrinthe en une route droite et bien tracée. Quoi qu'il en coûte pour faire adopter une nouvelle doctrine, il faut la propager, sans crainte des obstacles qu'elle ne manquera pas de rencontrer.

Esbrillade.

Depuis longtemps la bonne équitation ne se sert plus de mouvements brusques ; elle a compris que l'*esbrillade* était en dehors de toute instruction raisonnée.

Escapade.

Les *escapades* ou sauts de gaieté auxquels se livrent les jeunes chevaux peuvent dégénérer en défenses, si on ne les arrête dès le principe.

(DICTIONNAIRE RAISONNÉ, *Éducation raisonnée.*)

Escaveçade.

Le cavalier qui, sans raison, applique châtiment sur châtiment, abrutit son cheval ou l'exaspère ; quel qu'en soit le résultat, *l'escaveçade* est toujours au désavantage de son auteur.

Estrapade.

L'ancienne équitation contraignait les chevaux à exécuter des *estrapades* à la vue de certains gestes. Les singes modernes ont voulu imiter ces innovateurs ; mais, s'ils n'ont rien fait pour la science, ils ont, en revanche, coopéré à la ruine des chevaux.

Étriers.

La solidité à cheval doit être le résultat d'un juste emploi de toutes les forces du cavalier, et non de l'appui exercé sur les *étriers*. Leur usage ne doit avoir d'autre but d'utilité que de soutenir et de soulager les jambes.

Extrapasser.

Il est pardonnable de ne pas savoir tirer parti d'un cheval et de le suivre *à la grâce de Dieu;* mais il faut être bien imprudent pour prétendre à une science qu'on ne possède pas. Aussi ces cavaliers *anticipés extrapassent*-ils leurs chevaux en cherchant à imiter ce qu'ils ont vu faire habilement.

Savoir qu'on ne *sait rien* dénote déjà quelques connaissances ; mais croire qu'on peut beaucoup est le fait du génie ou du crétinisme.

Façonner un cheval.

Les moyens employés pour *façonner un cheval* peuvent avoir d'heureux ou de fâcheux résultats, selon que l'écuyer est habile ou ignorant. Le premier aide et embellit les mouvements du cheval ; le second contrarie et paralyse même ses dispositions naturelles.

Faire la révérence.

Il n'est pas de bon cheval qui ne choppe,

dit un vieux proverbe ; cependant un cheval d'action et bien proportionné sera moins sujet à *buter* ou à *faire la révérence*.

Faire valoir un cheval.

L'écuyer est d'autant plus brillant sur son cheval qu'il sait mieux le *faire valoir*, c'est-à-dire donner une harmonie parfaite à tous ses mouvements.

Fait (le cheval).

Si l'éducation du *cheval fait* a été obtenue graduellement, elle ne pourra jamais se perdre entièrement ; il faudrait, pour revenir à son ignorance première, qu'il passât par la gradation inverse, ce qui est de toute impossibilité.

(DICTIONNAIRE RAISONNÉ, *Éducation raisonnée*.)

Falcade.

Il est toujours à craindre que la *falcade* ne s'obtienne qu'au détriment de l'organisation du

cheval, ou que, pour y parvenir, on n'ait sacri-
fié des choses plus essentielles au fini de son
éducation.

Fantaisie.

Il faut un cavalier expérimenté pour ne pas
laisser les *fantaisies* du cheval se perpétuer et
dégénérer en défenses; le succès dépend des
premières leçons.

Farouche.

Il ne naît point de chevaux *farouches;* ce défaut est contre la nature propre du cheval; mais,
approchés sans ménagement, rudoyés, battus,
effrayés, les chevaux cherchent naturellement à
éviter, d'aussi loin qu'ils l'aperçoivent, l'homme
civilisé.

Faux.

Il est peu de cavaliers capables de sentir immédiatement sur quel pied le cheval galope;

mais il n'en est pas qui, à pied, ne voient si un cheval est *faux* et n'en témoignent leur improbation.

(Faub. St-Martin, n° 11, de 7 à 10 heures du matin.)

Ferme.

Pour qu'un cheval parte au galop de pied *ferme*, il lui faut une action première, des hanches et des jarrets solidement construits; il lui faut encore, et par-dessus tout, un cavalier doué d'un puissant ensemble de moyens d'aide.

Fermer.

M. de la Guérinière entendait par *fermer*, le dernier pas de côté qui terminait un air de manége; partant de là, quelques écuyers ont désigné tout le travail de deux pistes par le mot de *fermer*. Cette corruption de langage rend la démonstration confuse; car l'élève doit naturellement faire cette réflexion : Quand et comment ouvre-t-on un changement de main?

Fier.

Le cheval *fier* est celui dont toutes les formes se déploient avec grâce et énergie ; il devient alors un objet d'admiration. Dans l'espèce humaine, la fierté ne peut être admirée que par la sottise, dont elle est la sœur.

Filet.

J'ai fait comprendre pourquoi il ne fallait jamais, dans aucun cas, se servir du *filet* ou du mors isolément, puisque, ai-je ajouté, leur réunion seule peut combattre toutes les forces présentées par l'encolure.

Fin.

Le cheval *fin* appréciera les moindres mouvements du cavalier et répondra avec prestesse à ce qu'il lui demandera.

Fingard.

Le Dictionnaire raisonné, d'accord avec les dictionnaires français, a remplacé le mot *fingard* par celui de *ramingue*, en indiquant de plus les moyens de répression.

Finir.

Finir un cheval est le *nec plus ultra* de son éducation ; mais ce qui fait le mérite d'un écuyer peut devenir aussi son écueil.

Fond.

On peut, par des soins et une hygiène bien entendue, donner à un cheval les moyens de résister à la fatigue ; mais il ne pourra jamais valoir celui qui, par sa nature, a ce que l'on appelle du *fond*.

Forcer la main.

Forcer la main est le fait d'un cheval non

équilibré. Pour être léger à la main, le cheval doit avoir la tête perpendiculaire au sol; l'assouplissement de l'encolure et de toutes les parties du corps peut seule lui donner cette bonne position.

Forces (faire des).

Les cavaliers en général s'occupent si peu des positions que comporte tel ou tel mouvement, qu'elles sont souvent fausses et contre nature. Il n'est pas étonnant que, pour s'y soustraire, le cheval cherche à faire des *forces*.

Forger.

Si le cheval ne *forge* que par suite de son état d'abandon, le cavalier en est responsable, car, par l'équilibre, il peut rectifier les mauvaises positions qui sont la cause du contact des fers.

Fougueux.

Le cheval *fougueux* est très-sensible aux mauvais traitements et s'en irrite avec toute la violence de son caractère. Il suffit de savoir s'y prendre pour transformer sa fougue en docilité durable.

Foule.

Autrefois les cavaliers établissaient des rapports d'intelligence avec leurs chevaux ; et, au lieu de les exténuer aux courses, steeple-chases, etc., etc., ils les réunissaient dans l'enceinte d'un magnifique manége et leur faisaient exécuter tout ce que la *foule* comportait de mouvements précis et gracieux. Le bien qu'ils en retiraient pour eux-mêmes était incalculable.

Fournir la carrière.

« Qui veut voyager loin ménage sa monture. » C'est ce vieux proverbe qu'il faut mettre en pratique quand on tient à *fournir sa carrière*.

Frein.

L'usage immodéré du *frein* rend l'homme

indigne de la nature du cheval et de la sienne même.

Frein (mâcher son).

Quand il y a opportunité dans les effets du mors, le cheval témoigne son contentement en *mâchant son frein*.

Fuir les hanches.

Rien n'est plus gracieux que de faire *fuir les hanches* à un cheval. C'est l'ensemble des aides du cavalier qui enlève, pour ainsi dire, le cheval; mais c'est aussi leur désaccord qui le transforme en masse inerte.

Galop.

C'est au *galop* que le cheval développe le plus gracieusement ses formes; mais il ne faut pas trop prolonger cette allure, car la fatigue affaiblirait l'élasticité des ressorts, et bientôt il ne resterait plus du galop que l'ombre.

Galop gaillard.

L'aphorisme du *galop gaillard* s'explique de lui-même. J'aurais dû ajouter que ces mots inutiles devraient être exclus des dictionnaires, où l'on passe son temps plutôt à feuilleter qu'à lire. (Voyez : *Pas.*)

Galopade.

Plus le galop est cadencé et plus il est gracieux; mais il ne faut pas que cette *galopade* donnée par l'art soit au détriment de l'arrière-main du cheval. C'est en faisant tout vivifier en même temps que l'art déploie toute la puissance de sa fécondité.

Galoper près du tapis.

L'art n'est vraiment utile que pour soulager les natures incomplètes : un bon écuyer pourra facilement élever du sol le cheval qui *galope près du tapis.*

Ganache.

La *ganache* est la partie située entre les deux branches du maxillaire. C'est à tort qu'on a avancé que cet angle trop rétréci est un obstacle à la mise en main du cheval. Tous les chevaux, ai-je dit, peuvent être ramenés. et par conséquent mis dans la main.

(DICTIONNAIRE RAISONNÉ. — Pour la mise en pratique. faub. St-Martin. 11.

Gaule.

La différence entre la *gaule* et la cravache est que l'une était en bouleau, tandis que l'autre est en bois et en baleine recouverts d'un fil ciré. Leur usage, leur effet et leur *inutilité* sont les mêmes.

Gourmander.

Les gens dont la main n'est pas plus stable que la tête *gourmandent* leurs chevaux sans raison ou pour de légers motifs. C'est alors que

les chevaux répondent par des manifestations
hostiles au joug insupportable qui les tourmente
sans cesse.

Gourmette.

De la disposition de la *gourmette* dépendent
les effets du mors. Il faut non-seulement qu'elle
soit bien placée, mais encore qu'elle soit solide
pour ne pas se rompre dans les résistances violentes qu'oppose le cheval non assujetti.

Gourmette (fausse).

La *fausse gourmette* a pour propriété d'assu-
jettir les branches du mors de manière à ce que
le cheval ne puisse les saisir avec ses incisives ;
sans cette précaution, le mors serait sans effet
pour arrêter le cheval qui, à juste titre, prendrait
le *mors aux dents*.

Goûter la bride.

Le cavalier qui sait graduer ses effets de force

amènera promptement le cheval à *goûter la bride*
et rendra tous ses mouvements faciles et gracieux.

Gouverner.

Le cavalier ne *gouvernerait* qu'imparfaitement son cheval, s'il devait lutter de force avec
lui. C'est par des effets de tact insensiblement
gradués qu'on paralyse les forces du cheval, et
qu'on fait d'un animal formidable un glorieux
esclave.

Gras de jambe.

On entend par *gras de jambe*, la partie qui
impressionne les flancs du cheval. Si son bon
emploi sert à le subjuguer, sa force mal transmise produit souvent l'effet contraire. Pauvre
cavalier! pauvre cheval!

Gueulard.

On appelle *gueulard* le cheval qui résiste aux

effets du mors en ouvrant la bouche. Il n'y a pas moyen de détruire ce vice, quand on en rend la bouche responsable. Le *Dictionnaire raisonné* a démontré que les contractions de l'encolure en sont la cause, et il a donné les moyens d'y remédier.

Guindé.

Il est une marche à suivre, en équitation, pour rendre l'élève qui est *guindé* souple et liant. Quant à celui qui, par système, prend une position diamétralement opposée à celle que l'art prescrit, il faut l'abandonner lui et son inepte gloriole.

Haquenée.

L'équitation n'était pas fort en vogue à l'époque des *haquenées*, surtout parmi les dames. De toutes les haquenées qui ont figuré sous les dames châtelaines, celle d'Agnès Sorel s'est surtout fait remarquer par la beauté de ses formes. La postérité prétend qu'Agnès Sorel ne fut pas insen-

sible aux bontés du roi Charles VII, et qu'entre
autres qualités, elle eut celle d'être bonne
mère.

Hagard.

Il n'y a rien dans la nature du cheval qui le
porte à être *hagard*; les mauvais traitements
seuls lui font contracter ce vice. L'homme spi-
rituel et bon doit détruire ce que l'homme
stupide et brutal a fait naître dans l'esprit du
cheval.

Hanches (être sur les).

C'est une des grandes difficultés de l'équitation que de mettre un cheval *sur les hanches*;
mais c'en est une plus grande encore de sentir le
point où il faut l'arrêter. Faute de ce sentiment,
le cavalier perd sa puissance et le cheval son
énergie.

Haras.

Nos directeurs, contrôleurs et inspecteurs de

haras ont fait beaucoup, sans doute, pour l'amélioration de la race chevaline, mais ils n'ont pu trouver encore un type de chevaux capables de rendre un service utile à la société. C'est là que devraient tendre leurs grandes expériences. Espérons, car le temps est un grand maître, et les hommes de grands enfants.

Hardies (branches).

Les *branches hardies* donnaient une puissance plus grande au mors et en rendaient la sujétion plus pénible au cheval. Toujours des sujétions pénibles ! Oh dame, certainement ! Le maître d'école de ce temps-là (1600) ne marchait jamais sans son martinet.

Haridelle.

On est, en général, sans pitié pour une *haridelle*, et cependant la faute en est à la nature que nous admirons, ou à l'homme, dont nous proclamons la supériorité.

Harper.

Les saccades et les actes de violence d'un mauvais cavalier peuvent opérer une distension des muscles et faire *harper* le cheval ; une bonne éducation, au contraire, le conserve dans son état normal.

Harasser.

Celui qui, sans motif plausible, *harasse* un cheval, mérite d'être taxé de bêtise ou de brutalité.

Haute École.

Les difficultés de l'équitation, telles que le travail de deux pistes, les changements de pieds en l'air, etc., etc., constituent la *haute école*. Tous les cavaliers font de la haute école, mais peu savent lui donner la cadence et la régularité désirables ; et si ces deux conditions ne sont pas exactement remplies, la noblesse du travail disparaît et son titre est usurpé.

Holà.

Il faut éviter de faire entendre trop d'exclamations diverses ; elles bourdonnent aux oreilles du cheval et ne le frappent plus distinctement. Si le *holà* est prononcé avec opportunité, il sera promptement compris du cheval.

Homme de cheval.

Une des conditions premières pour l'*homme de cheval*, est la solidité ; c'est par elle qu'il reste lié au cheval et trouve la puissance de moyens avec laquelle il augmente sa supériorité.

Hors montoir.

Hors montoir est le côté droit du cheval. Il est probable qu'avec un peu d'habitude on monterait à droite tout aussi facilement qu'à gauche.

Huit de chiffre.

Les *huit de chiffre* se font au pas, au trot

et surtout au galop. Le mérite de ce travail est de dessiner exactement un *huit* avec les jambes du cheval.

––––––

Inaction.

Le travail de l'*inaction* consiste à exercer en place les forces de l'encolure ; c'est à l'aide de ce travail préalable qu'on obtient des effets magiques, et que les chevaux les plus fougueux acquièrent en quelques minutes un calme et une souplesse qui les conduisent à une prompte obéissance.

––––––

Indomptable.

Les écuyers capables et consciencieux n'ont jamais rencontré de chevaux *indomptables* ; mais l'ignorance, qui base son savoir sur l'amour-propre, a trouvé chez les chevaux mille défauts incorrigibles, tandis qu'en bonne justice ils leur appartiennent en propre.

Instinct.

Il existe encore des cavaliers dont toute la science est due aux hasards ; ils s'attribuent courageusement les mouvements heureux fournis par l'*instinct* du cheval, et savent en profiter pour imposer aux masses intelligentes !

Intelligence.

Il suffit d'avoir vu beaucoup de chevaux, d'avoir fait une étude spéciale de leur nature, pour reconnaître qu'ils sont *intelligents*. Les mille et une actions qu'ils font avec connaissance de cause n'en sont-elles pas une preuve convaincante ? Ils ont moins d'*intelligence* que l'homme, c'est possible ; mais est-ce une raison pour qu'ils n'en aient point ? Je ne vois pas quelle humiliation il y aurait pour notre magnifique espèce humaine, à accorder de l'*intelligence* aux animaux en général et au cheval en particulier.

Lâcher la main.

Les plaisirs que procure l'exercice du cheval

sont quelquefois périlleux pour les ignorants ;
aussi *lâcher la main* est non-seulement un
barbarisme équestre, mais une imprudence qui
vous rend le jouet des moindres caprices du
cheval.

Leçon.

Connaître la disposition d'esprit et le degré
d'intelligence de l'élève, doit être la première
occupation du professeur ; ses conseils, alors,
iront droit au but ; mais s'ils sont donnés généralement, s'il se contente de les débiter comme
un catéchisme, sa *leçon* sera sans fruit.

Léger à la main.

Les chevaux d'une bonne construction, c'est-
à-dire dont toutes les parties s'harmonisent bien
entre elles, sont naturellement *légers à la main*.
Si l'art est inutile pour ces chevaux, il n'en est
pas de même pour ceux que la disposition des
formes rend lourds à la main. Donner une même
légèreté à tous les chevaux, est le but que doit

atteindre l'écuyer, et la raison qui fait une science exacte de l'art de l'équitation.

Loyal (cheval).

Plus le cheval a de bonnes qualités premières, plus il faut user de ménagements avec lui. Le *cheval loyal* obéit à tout, et devine pour ainsi dire les intentions du cavalier. Aussi est-ce une raison pour ne pas mésuser de ses forces et ne lui demander que ce qu'il peut faire.

Loyale (bouche).

Toutes les bouches sont également *loyales*, mais les constructions que présentent les chevaux sont différentes; malheureusement on a toujours erré sur la cause, en attribuant à la conformation particulière de la bouche du cheval ce qui n'était dû qu'à la mauvaise disposition de sa charpente osseuse. J'ai déjà démontré combien cette erreur, qui s'est transmise jusqu'à nos jours, avait retardé et retardait encore la marche de l'équitation.

Main légère.

Quelques cavaliers entendent par *main légère* celle qui n'oppose que très-peu de force, quelles que soient la position et les résistances de la tête et de l'encolure. On doit avec justice remplacer cette épithète de *légère* par celle de *savante*. Cela suffira, je pense, pour forcer à la réflexion quelques cavaliers.

Manége.

La routine que l'on a si longtemps suivie en équitation a été le plus puissant obstacle à la perfection de l'art. Sortir de la route tracée, renverser les principes qui ont fait schisme, n'est pas chose facile; mais l'amour du beau et du vrai doit l'emporter sur la crainte de heurter de sots préjugés; le *manége* est le forum de l'écuyer : c'est là qu'il doit convaincre ses auditeurs de la vérité de ses assertions.

Maquignon.

Il n'est pas de roi, de ministre, de négociant,

de boutiquier, qui n'aient menti à leur conscience. Les *maquignons* sont sur une ligne exactement pareille. Pourquoi les accabler de mille
épithètes injurieuses? Si la réflexion vient à notre aide, nous dirons avec raison qu'il y a des
maquignons dans tous les états.

Martingale.

De toutes les inventions qui rappellent l'enfance de l'équitation, la *martingale* est une de
celles qui ont caché le plus longtemps leur inutilité et leurs inconvénients. J'en demande bien
pardon à la bonne foi de mes confrères passés
et présents, mais, jusqu'à ce jour, ils ont été
dans l'erreur la plus complète sur ses effets.
« Plus nos outils sont ingénieux, a dit Rousseau,
plus nos organes deviennent grossiers et mala-
droits; à force de rassembler des machines au-
tour de nous, nous n'en trouvons plus en nous-
mêmes. »

Mêler un cheval.

Les chevaux cherchent souvent à bien faire,

mais aussi, malgré leur instinct, ils sont *mê-
lés* dans leurs allures par les exigences outrées
de leurs cavaliers. Quand donc le savoir vien-
dra-t-il à notre aide pour nous faire prendre
la première place, que ces modestes animaux
sont si bien disposés à nous accorder?

Mener son cheval sagement.

Le cavalier *mène son cheval sagement* lorsqu'il n'exige de lui que ce qu'il peut faire, et le
lui demande avec gradation.

Mettre dans la main.

Est-il possible de concevoir que des écuyers
à réputation contestent encore l'utilité de la
mise en main du cheval! Qu'ils ignorent les
moyens d'amener tous les chevaux à prendre
cette position, on le comprend sans peine, puisque ce n'est pas du ressort de l'ancienne équitation; mais qu'ils ne sentent pas le ridicule
de leurs réflexions anti-équestres, là est le pro-
blème.

Mézair.

Le *mézair* a peu d'utilité pour la science et beaucoup d'inconvénients pour les chevaux : c'est quand l'ignorance ouvre de grands yeux que la science ferme·les siens !!!

Mis.

On peut, avec quelques soins, débourrer un cheval, lui donner des allures régulières et faciles, arriver enfin à une demi-éducation ; mais il faut une délicatesse de tact peu commune pour faire d'un cheval brut un cheval parfaitement *mis* : voilà l'écuyer.

Molette.

Les *molettes* dont les piquants sont trop rapprochés les uns des autres ne peuvent avoir un effet coërcitif sur le cheval, ni donner aucun moyen de répression au cavalier. Les molettes à cinq pointes pouvant traverser la peau, forcent le cheval à se porter en avant pour éviter la douleur qui en résulte. C'est alors qu'une main habile tire avantage de cet élan pour maîtriser la totalité des forces et imposer sa volonté au cheval.

Monter dans les piliers.

Le cavalier qui *monte dans les piliers* sur un sauteur en selle rase, et qui, en dehors de ces deux poteaux, tient sur toute espèce de chevaux, peut revendiquer à bon droit le titre de solide cavalier. Celui, au contraire, qui n'a de tenue que sur un sauteur affublé d'une selle à piquer, ne peut prétendre qu'à une solidité de convention. Inutile de parler de ceux qui ne pratiquent ce dernier exercice qu'en se raccrochant par tous les moyens possibles : leur instruction à cheval est une vraie bouffonnerie équestre.

Montoir.

Bien que je me sois fait une loi de définir chaque chose, je n'ai pu encore me rendre compte

de la nécessité de monter plutôt à gauche (ou
côté *montoir*) qu'à droite. Quoique cette expli-
cation soit de peu d'importance , on m'oblige-
rait beaucoup en me la donnant.

Mors et de ses effets.

Les moyens indicateurs seront toujours justes, la récompense et le châtiment arriveront
toujours à propos , lorsque les *effets du mors*
augmenteront ou diminueront selon les diverses résistances du cheval.

Mors aux dents.

Il est bien naturel que le cheval évite par
tous les mouvements possibles la contrainte à
laquelle l'assujettit un indiscret cavalier. L'é-
cuyer habile saura lui rendre le joug du mors
moins pénible et lui ôtera même jusqu'à l'idée
de prendre le *mors aux dents.*

Nature (mauvaise).

On peut, à l'aide de beaucoup d'art, embellir

et donner quelque éclat à une nature commune ; mais le cheval d'une *mauvaise nature* ne pourra jamais exécuter de mouvements réguliers.

Neuf.

Si le cheval *neuf* joint à de belles proportions un degré suffisant d'action, son éducation sera prompte et facile. Est-il besoin d'ajouter que, quelle que soit la nature du cheval, l'écuyer doit toujours être choisi parmi les plus capables?

Obtenir.

Obtenir de tous les chevaux est le fait d'un véritable écuyer; malheur au cavalier qui, aveuglé sur ses imperfections, rend le cheval passible de ses non-succès!

Ombrageux.

Est-ce la conformation vicieuse de l'œil ou celle du cerveau qui rend le cheval *ombra-*

geux? Quant à moi, j'adopte la dernière opinion; mais quelle que soit la cause, il sera facile d'en atténuer les effets, si l'on ne peut réussir à les faire disparaître entièrement.

(*Voir le* DICTIONNAIRE RAISONNÉ.)

Oscillation.

L'aplomb est le résultat de forces bien coordonnées; mais avant d'en arriver à ce point, elles se divisent à l'infini et amènent les *oscillations* que l'on remarque chez les élèves commençants. Du reste, si ces incertitudes sont bien dirigées, elles peuvent être un acheminement à une solide position.

Outrer un cheval.

Outrer un cheval, sans raison, devrait être puni d'une peine infamante.

Palefroi.

Quel que soit le nom que les langues fassent subir au *palefroi*, le cheval n'en restera pas moins, quoi qu'en dise Buffon, le roi des animaux.

Partager les rênes.

Les résistances du cheval qui ne peuvent être dominées par la bride doivent être combattues immédiatement par le bridon; c'est en *partageant les rênes* que le cavalier établira une lutte qui tournera à son avantage, si toutefois il connaît le maniement des rênes.

Pas.

Le *pas* est l'allure mère d'où procèdent les autres allures. Le tact équestre et le discernement du cavalier sont les secrets moteurs de cette succession de mouvements.

Pas de côté.

Il faut être bien sévère sur les conditions que doit présenter le cheval avant de passer aux *pas de côté;* sans quoi l'on s'expose à détruire le peu qu'on lui aurait appris, et à le mettre dans l'impossibilité d'en apprendre davantage.

Pas, saut, galop gaillard.

Les belles difficultés de l'équitation ne s'exécutent avec précision qu'à la suite d'un rassembler complet; tous les mouvements, tels que le *saut* et le *galop gaillard,* qui en demandent momentanément le sacrifice, ne devraient se pratiquer qu'avec la plus grande discrétion.

Passade.

On peut, sans sortir des vrais principes de l'équitation, faire exécuter à son cheval quelques *passades.* Elles n'ont aucun inconvénient pour l'art, et ont un but d'utilité réelle pour le cheval de troupe.

Passage.

Les chevaux ne sont lourds et disgracieux

qu'à cause du peu d'érudition équestre de leurs cavaliers. De meilleures mains mettraient en peu de temps ces chevaux au *passage*; c'est alors qu'en embellissant leurs formes on les rendrait aptes à de brillants exercices.

Pesade (la).

Moins le cheval a de points d'appui sur le sol, moins il est en équilibre. Les sauts périlleux, dans lesquels la *pesade* se trouve comprise, ne conviennent qu'aux *saltimbanques*.

Piaffer.

Le plus beau triomphe de l'écuyer, c'est lorsque, à l'égal du statuaire, qui reproduit la nature dans un bloc de marbre, il transforme un cheval froid, raide et informe, en un cheval animé, souple et *piaffant* avec grâce.

Picoter.

L'incertitude de l'assiette se transmet aux

jambes du cavalier; c'est alors que les éperons
viennent sans nécessité *picoter* les flancs du cheval. Il n'est pas étonnant qu'il cherche à se débarrasser d'un cavalier aussi nuisible qu'incom-
mode.

Piliers.

Quel retard l'usage des *piliers* n'a-t-il pas
apporté au sentiment du cavalier et au raisonnement scientifique, qui ne peuvent s'acquérir que
par un rapport direct avec le cheval! En admettant
que les *piliers* puissent remplacer quelquefois
les effets de tact du cavalier, n'est-il pas honteux
d'y avoir recours? Que dirions-nous d'un musi-
cien distingué qui, au lieu de faire sortir sous ses
doigts des sons harmonieux, trouverait le moyen
de produire à peu près le même effet sur une
machine organisée? On lui rirait au nez, je n'en
doute pas. Eh bien! croirait-on que des écuyers
de talent ne sont pas encore revenus de cette
vieillerie, aussi perfide pour l'art que pour les
chevaux?

Pirouette.

La *pirouette* fait partie des mouvements com-

pliqués; elle est difficile à faire pour la médio—
crité. L'écuyer capable dispose si bien ses points
d'appui que le cheval paraît ne tenir au sol que
pour se disposer à mieux s'en éloigner.

Piste.

Si la *piste* que doit parcourir le cheval n'est
pas suffisamment frayée, il faut s'en tracer une
imaginaire et la lui faire suivre exactement. C'est
un premier pas de fait en équitation.

Placer un cheval.

Il est de la plus grande rareté de rencontrer
un cheval qui, par une cause quelconque, ne
cherche pas un appui sur la main. Savoir bien
placer tous les chevaux, c'est savoir augmenter
la masse de son bonheur équestre.

Plate longe.

La *plate longe* est encore une de ces vieilleries religieusement conservées par beaucoup

d'écuyers. Le talent a-t-il donc besoin, pour se faire comprendre du cheval, d'un intermédiaire de trente pieds de long, comme pour prendre des moineaux au trébuchet? Brûlons ces instruments inutiles ou barbares ; mais, par respect pour nos aïeux, conservons-en soigneusement les cendres !

Plier le col d'un cheval.

Comme le cheval paralyse tous les effets du mors par la contraction de son encolure, il est rationnel de commencer par lui *plier le col*, afin d'arriver à dominer le reste de la masse.

Pointe.

Quelle que soit la cause qui détermine les *pointes*, le cavalier ne doit pas attendre que le cheval s'en serve comme d'un moyen de rébellion, car celui-ci abuse toujours de sa supériorité, qu'elle lui vienne de sa force ou de notre faiblesse.

(*Voir le* Dictionnaire raisonné.)

Position de l'homme à cheval.

Les lois physiques et anatomiques sont basées sur la nature, et chaque jour on les méconnaît. Les os n'ont-ils pas la même position et les muscles la même direction chez tous les individus? Et cependant les professeurs ont établi des règles différentes sur la *bonne position de l'homme à cheval*. J'en dirais bien la raison, mais je n'ose.

Race.

Les chevaux issus d'une *race* pure méritent sans doute une grande préférence ; mais à part ces chevaux de choix, quel prix peut-on attacher à toutes ces *ficelles de* 1|6 *ou de* 1|8 de sang qui n'ont d'autre qualité que de présenter moins de surface à l'air ?

Raccourcir un cheval.

Plus un cheval a d'énergie et plus il est facile de le *raccourcir*. Une cadence exacte et bien régulière est une des premières conditions de ce travail.

Ralentir un cheval.

Ne pas attendre que les forces du cheval soient épuisées pour le *ralentir* est une attention digne d'un bon cavalier, et qui concourra au bien-être et à l'éducation du cheval.

Ralentir (se).

Le cheval qui, déjà mal intentionné, en est arrivé à sentir la mollesse et l'incertitude du cavalier, force ses jambes, se *ralentit*, s'arrête et se défend.

Ramener (tous les chevaux peuvent).

Le Dictionnaire raisonné a posé en principe que *tous les chevaux peuvent se ramener*, remplaçant ainsi par une règle générale les règles exceptionnelles des anciens. Bien que ce traité se soit élancé seul dans une voie nouvelle, il n'en a pas moins prouvé par des faits incontestables la vérité de ses prédictions. Malgré la raison évidente, ses principes furent contestés, et ceux des anciens prévalurent. Il opposa à cette clameur rétrograde sa volonté inerte, convaincu que la nature protége toujours l'apôtre qui marche sous son égide, et que, dans l'intérêt des arts et de l'humanité, les idées changent et le monde se perpétue.

Ramingue.

Il faut au cheval *ramingue* un cavalier prudent, mais d'une grande énergie. La pusillanimité en pareil cas serait sans résultat pour le cheval et souvent dangereuse pour le cavalier.

Rare.

Le cheval *rare* est celui qui possède des qualités supérieures. Ce mot se trouve aussi bien dans la bouche du riche que dans celle du pauvre ; l'un et l'autre joignent à l'amour de la propriété une arrière-pensée de supercherie, car s'ils trouvent un acquéreur pour leurs chevaux extraordinaires, ils les dépouillent immédiatement du mot *rare* pour en affubler le successeur, et ainsi de suite.

Raser le tapis.

Le cheval qui *rase le tapis* est sujet à avoir les pieds en contact avec les éminences qui se trouvent sur son passage. Ce défaut, qui provient soit de l'usure ou de l'abandon du cheval, l'expose aux génuflexions et même aux chutes.

Rassembler.

Le *rassembler* est la véritable pierre de touche qui transforme en grâce la caducité et donne au cheval tout l'esprit et la perspicacité du cavalier.

Rebours.

Les mauvais traitements rendent les chevaux *rebours*, et font souvent d'une excellente bête un cheval incapable de tout bon service. Faire de la fausse monnaie est, selon moi, un crime moins capital que de rendre *rebours* un cheval qui n'a d'autre défaut que d'être soumis à une brutale ignorance.

Rebuter.

C'est à l'aide du mouvement de ses extrémités
que le cavalier transmet sa pensée au cheval. Si
les paroles, représentées par les mouvements,
sont en désaccord avec la pensée, le cheval se
rebute bientôt contre ces forces contradictoires,
et paraît attendre que les pensées du cavalier deviennent plus saines et ses mouvements mieux
coordonnés.

Réchauffer.

Le cheval qu'il faut continuellement *réchauffer*
par les éperons ne peut plus avoir aucune rela-
tion avec son cavalier. C'est sous le fouet qu'il
doit malheureusement terminer sa carrière.

Rechercher.

Si les forces transmises au cheval sont gra-
duées, si les effets d'ensemble entre la main et
les jambes du cavalier arrivent à propos, il sen-

tira immédiatement et la sensibilité propre du cheval et le point d'équilibre où il peut arriver. Le cavalier qui *recherche* son cheval avec tant de délicatesse est un écuyer dans toute l'acception du mot.

Recommencer.

Celui qui rend le cheval passible de sa maladresse sera toujours le fléau des chevaux et de l'équitation. Le cavalier modeste qui profite de la leçon que le cheval lui donne, pour *recommencer* son éducation plus méthodiquement, laissera loin derrière lui la médiocrité.

Reculer.

Lorsque l'encolure présente certaines conditions d'assouplissement, l'exercice du *reculer* sert à compléter la souplesse des autres parties du corps. Plus le cheval reculera facilement, plus il se portera aisément en avant, puisqu'alors les forces de l'avant et de l'arrière-main se prêteront un mutuel secours.

Réduire un cheval.

Si l'on entend par *réduire un cheval*, l'exténuer de fatigue jusqu'à le rendre fourbu, l'homme le plus ignorant et le plus brutal sera le meilleur écuyer; mais si l'on entend, par *réduire*, l'art de paralyser les forces instinctives du cheval, on remplacera la brutalité et l'ignorance par la douceur et le savoir.

Rênes.

Les pressions du mors n'ont un effet direct que par la tension égale des *rênes* ; la justesse de la main doit en régler les à-propos et leur donner une valeur corrélative.

Rêne (prendre la cinquième).

On entend par *prendre la cinquième rêne*, s'attacher aux crins pour se fixer en selle ; nul n'est exempt de cette position ridicule : pauvre ou riche, il faut apprendre pour savoir.

Renverser.

Rien ne dénote plus la prétention et la faiblesse d'un cavalier, que de lui voir entreprendre des choses au-dessus de sa force; ainsi, dans les changements de pieds, au lieu de maintenir le corps du cheval droit, il l'incline et le *renverse* jusqu'à compromettre son équilibre. De tels cavaliers ne feraient-ils pas douter que l'équitation soit un art?

Replier.

Je suis tout disposé à pardonner au cheval les ruses dont il se sert, telles que de se *replier*, etc., quand elles ont pour but de déjouer les résistances pénibles qui partent d'une mauvaise main; mais je suis aussi tout disposé à réprimer sévèrement les défenses qui n'ont été provoquées par aucun mouvement contre nature.

(*Voir le* Dictionnaire raisonné.)

Reprise.

L'intervalle de repos qui existe entre chaque

exercice s'appelle *reprise*. Cet instant a des douceurs inappréciables pour le cavalier, s'il a été
assez heureux pour demander juste à son
cheval.

Rétif.

Puisqu'il existe des phénomènes vivants, il
peut naître des chevaux *rétifs;* mais la généralité
ne le devient que par les mauvais traitements
de ceux qui les approchent ou les montent.

Rouler à cheval.

Si le professeur arrive en aide de l'élève qui
roule à cheval, pour lui apprendre à se servir de
ses forces, il lui fera acquérir en peu de temps
une bonne assiette; mais, sans l'exercice, les
conseils seraient sans fruit.

Ruade.

Une mauvaise répartition dans l'emploi des
forces est la cause principale de tous les mou-

vements irréguliers et de toutes les défenses du cheval. La *ruade* fait partie de ces actes de violence.

(*Voir le* Dictionnaire , *Éducation raisonnée.*)

Rudoyer.

Le cheval passe souvent de la douceur à l'exaspération quand il a été *rudoyé* sans raison ; il retrouve alors une énergie nouvelle pour combattre avec avantage la brusquerie machinale de son conducteur.

Saccade.

La *saccade* est un moyen qui manque toujours d'à-propos , et dont les résultats ne peuvent être qu'inutiles quand ils ne sont pas dangereux.

Sage.

Un cavalier *sage* peut amener un cheval à l'obéissance, bien que ses connaissances équestres ne soient qu'imparfaites; les chevaux sont trop sensibles aux bons procédés pour ne pas en témoigner leur reconnaissance à quiconque la mérite.

Saut de barrière.

La plupart des cavaliers, sauteurs de barrières, ignorent les préparatifs nécessaires pour bien suivre le cheval et le disposer à franchir avec élégance et sûreté.

Le *saut de barrière* deviendrait facile et sans danger, si le cavalier savait augmenter ou diminuer à propos l'impulsion du cheval et rendre aisée la translation de son centre de gravité; mais il faut, pour y parvenir, que le corps du cavalier ne précède jamais les mouvements du cheval; que les reins, souples, fixent les fesses sur la selle, pour qu'elles n'éprouvent ni chocs ni réactions sensibles; il faut, enfin, que les cuisses et les jambes enveloppent exactement le corps et les flancs du cheval. C'est alors que les aides trouveront une puissance opportune et infaillible.

Saut de mouton.

Les *sauts de mouton* ne sont d'abord que des sauts de gaieté de la part du cheval, mais ils prendraient promptement un caractère inquiétant pour le cavalier, s'il n'y mettait bon ordre dans le principe.

Saut de pie.

Toute la vie d'un écuyer doit être employée à la recherche des moyens les plus scientifiques pour remplacer les forces instinctives du cheval par des forces intelligentes; c'est alors qu'il fera succéder aux allures irrégulières et aux *sauts de pie* des mouvements nobles et précis.

Scier du filet.

Les chevaux qui résistent aux effets du mors en s'encapuchonnant ne peuvent devenir légers que par l'action de *scier du filet,* qui, en élevant la tête, ramène l'encolure à sa position normale.

Selle (la).

Un œil habitué sait, par la simple inspection d'une *selle*, juger de sa bonté ; mais on ne peut en acquérir la certitude qu'après l'avoir essayée.

Sentir son cheval.

Le cavalier qui *sent son cheval* juge en quelques minutes quel est son degré d'éducation et de sensibilité, et en tire aussitôt tout le parti possible.

Solliciter.

Plus les forces des parties mobiles du cavalier devront être énergiques, et plus son buste devra avoir de sûreté et d'élévation ; c'est alors que le cheval, *sollicité* par des forces vraiment puissantes, répondra franchement aux demandes de son conducteur.

Soubresaut.

La force morale du cheval est en raison directe de notre faiblesse physique. Une assiette chancelante, une main incertaine, laissent au cheval toute latitude pour se livrer à des *soubresauts* ou à tout autre mouvement qui prendra sur la force morale du cavalier.

Souple.

Si l'*assouplissement*, tel que je l'ai décrit et défini, précède bien tous les autres exercices, l'éducation du cheval acquerra bientôt un fini que l'on n'obtiendrait qu'imparfaitement par d'autres moyens.

(*Voir le* DICTIONNAIRE RAISONNÉ.)

Soutenir un cheval.

L'équitation bien entendue possède les moyens de *soutenir* les chevaux mal construits, en reportant sur les parties fortes le poids qui surcharge les parties faibles. L'écuyer qui regarderait ces chevaux comme indignes de son mérite ne comprendrait l'art qu'à demi.

Surmener un cheval.

Quiconque *surmène un cheval* est un sot ou un bourru, ou quelquefois tous les deux ensemble.

Surprendre un cheval.

Les mouvements brusques de la main ou des jambes *surprennent* désagréablement tous les chevaux, et surtout ceux qui sont fins et attentifs. Ceux-ci répondent, pour l'ordinaire, comme on les a sollicités, tout en plaignant l'espèce humaine de son peu de discernement.

Tâter son cheval.

Celui qui possède le sentiment équestre jugera promptement des dispositions physiques et morales du cheval, et le *tâtera* avec fruit.

Terre-à-terre.

Le *terre-à-terre* est l'un des airs relevés le

13.

moins dangereux pour la construction du cheval ;
mais il faut, avant d'aborder ces difficultés, que
le cheval passe par la filière d'exercices qui le
rendent soumis à toute espèce d'airs bas.

Tête au mur.

Tous les airs de manége ont pour règle ce
principe : Équilibrer les forces du cheval. Le cavalier qui aura le mécanisme assez exercé pour
donner cette précieuse position au cheval exé-
cutera avec facilité la *tête au mur* et toutes les
difficultés de l'art.

Travail des chevaux en liberté.

On regarde le *travail des chevaux en liberté*
comme une chose insignifiante. Pour le commun
des cavaliers, cette supposition est possible ;
mais pour l'écuyer instruit et observateur, il en
est tout autrement. Celui-ci doit connaître le degré d'intelligence du cheval, savoir s'en faire
craindre et s'en faire aimer, distinguer si ses
désobéissances sont dues à l'ignorance ou à la
mauvaise volonté, quand et comment le cheval

comprend ses gestes ou les diverses intonations
de sa voix, et appliquer à temps la récompense
ou le châtiment. L'écuyer doit en outre suivre
toute la série des phénomènes qui lui font captiver toute l'attention du cheval. C'est ce genre
d'exercice dirigé avec discernement qui fait d'un
écuyer habile un philosophe, car le cheval lui
suggère maintes réflexions qui le conduisent à
mieux connaître l'esprit humain.

Travail en place.

Le *travail en place* est au cheval ce qu'est le
gréement au navire. L'assouplissement qui se
pratique au repos donne au cheval une plus
grande et une plus belle facilité de mouvements,
comme un bon gréement donne au navire plus
de sûreté et de rapidité. En joignant au travail
en place le ramener, qui peut être comparé à la
boussole du navire, on obtiendra des directions
justes d'un point à un autre.

Traverser.

Le cavalier qui ne tient pas son cheval renfermé dans les jambes le laisse trop maître de ses forces pour qu'il ne cherche pas quelquefois à se *traverser*.

Trépigner.

On a souvent confondu le piaffer avec le *trépigner*, bien que les mouvements du premier soient liants et cadencés, tandis que ceux du second sont saccadés et presque convulsifs. Les défenses qui suivent le trépigner parlent assez haut pour que le cavalier ne fasse pas la sourde oreille.

Tride.

On entend par *tride* le mouvement prompt et cadencé des jambes du cheval. L'art consiste à reproduire, sur des constructions vicieuses, le beau que donne naturellement une belle construction.

Trot.

Depuis quelque temps l'on ne recherche

plus chez les chevaux qu'une seule qualité, la vitesse. Aussi le cheval beau trotteur a bientôt changé l'allure régulière du *trot* contre celles défectueuses de l'entrepas et de l'aubin. Quand donc comprendra-t-on mieux la nature du cheval? Pauvres chevaux!

Unir un cheval.

On recommande à l'élève *d'unir son cheval* lorsque, à l'allure du galop, il l'a laissé se désunir. Comme ces faux mouvements sont dus à la maladresse du cavalier, il faut s'opposer à tous mauvais traitements de sa part, et le convaincre qu'il est toujours la cause de ce que son petit amour-propre pourrait attribuer au cheval.

Vaillant.

Le cheval *vaillant* est celui qui réunit le plus de qualités morales et physiques. La difficulté de rencontrer de pareils chevaux porte à croire qu'ils sont passés de mode. On prétend que nos chefs de haras ne sont point étrangers à cette disparition.

Ventre à terre.

On n'abuse pas impunément des forces du cheval. En le faisant courir *ventre à terre* on prend sur le brillant de ses formes et on le conduit promptement à sa ruine. Un cheval vaut-il plus que les cinq minutes de loisir qu'il doit aux folles rêveries de son noble maître ?

Volontaire.

Les jeunes chevaux qui n'ont point été assouplis, sont, par cette raison, plus sujets à être *volontaires*. Les concessions qu'on leur fait, et qui paraissent d'abord de peu d'importance, croissent insensiblement et dégénèrent en défenses. Il faut donc ne rien passer aux jeunes chevaux si on veut les mettre promptement sous la dépendance des aides.

Volte.

La ligne circulaire qui constitue la *volte* est insignifiante par elle-même. La difficulté consiste à la faire parcourir au cheval avec la plus exacte précision de mouvements.

Volte (demi-).

Dans le doute, abstiens-toi. Le véritable cavalier n'entreprend que ce qu'il croit avoir la conviction de bien faire ; et , dans ce cas, la *demi-volte* sera d'une exécution aussi facile pour lui que pour son cheval.

Voltiger.

La *voltige* exécutée avec grâce exige plus que de l'adresse. C'est l'intelligence qui enfante les belles choses.

Partisan.

Le cheval *Partisan* est d'une race pure et d'origine anglaise. On le crut d'abord indompt- table. Le fini de son éducation démontra le contraire ; et, loin que la privation d'une liberté dont il abusait le rendît informe, il excita l'admiration générale ; toutes ses poses sont devenues gracieuses et tous ses mouvements réguliers.

MUSIQUE

DU

TRAVAIL DE PARTISAN,

PAR

PAUL CUZENT.

PIANO.
Allegro.
ff
ff
ff
dolce.
p

Moderato.
3.
f
f
p

P
f
Fi

8
TRIO.
8
p
rf
p
p
f
p
8
rf
f
8
8
p
f
8
rf
p
f
D.C.
Tempo alla polacca.
4.
dolce.
p

FIN.
Vivace.
Tremolo.
5.
p
cres.
D.C.

10
8..............
loco.
ff
ff
8..............
loco.
ff
D C.
6.
p
p
f
f

7.
p
p
cres
cen
do
sempre
piu
forte

8.

Vivace.
9.
P staccato.
Moderato.
10.
p
f
p
Vivace.
11.
stacc.

12.
2/4
f
f

Vivace.
ff
8
loco.
ff
ff

9 782329 338002